21世纪会计专业主干课程教材

Practical Training Course for Financial Accounting

财务会计实训教程

第五版

黄明 郭大伟 主编

东北财经大学出版社
Dongbei University of Finance & Economics Press
大连

图书在版编目（CIP）数据

财务会计实训教程 / 黄明，郭大伟主编. —5版.—大连：东北财经大学出版社，2022.2（2024.7重印）
（21世纪会计专业主干课程教材）
ISBN 978-7-5654-4390-9

Ⅰ. 财… Ⅱ. ①黄… ②郭… Ⅲ. 财务会计-高等职业教育-教材 Ⅳ. F234.4

中国版本图书馆CIP数据核字（2022）第017247号

东北财经大学出版社出版
（大连市黑石礁尖山街217号 邮政编码 116025）
网 址：http://www.dufep.cn
读者信箱：dufep@dufe.edu.cn
大连图腾彩色印刷有限公司印刷 东北财经大学出版社发行
幅面尺寸：285mm×205mm 字数：350千字 印张：17.25 插页：5
2022年2月第5版 2024年7月第4次印刷
责任编辑：包利华 责任校对：张晓鹏
封面设计：冀贵收 版式设计：钟福建
定价：45.00元

教学支持 售后服务 联系电话：（0411）84710309

如有印装质量问题，请联系营销部：（0411）84710711

第五版前言

为了适应“应用型”会计人才培养的要求，加强理论联系实际，培养学生的实际操作技能和综合分析能力，我们根据多年从事会计教学的经验和体会，编写了《财务会计实训教程》一书。本书以《企业会计准则》、会计准则应用指南等为依据，结合股份制企业基本会计业务和典型会计业务资料编写，将财务会计基础知识、基本方法与会计实务模拟操作紧密结合，以满足会计实验教学需要。

此次修订，正值党的“二十大”胜利召开，“二十大”报告对“办好人民满意的教育”提出了系统、明确的要求。报告指出：“教育是国之大计、党之大计。培养什么人、怎样培养人、为谁培养人是教育的根本问题。”要“深化教育领域综合改革，加强教材建设和管理，完善学校管理和教育评价体系”。要“深入实施人才强国战略。培养造就大批德才兼备的高素质人才，是国家和民族长远发展大计”。把“加强教材建设和管理”写入党代会报告还是第一次，足见党对教育事业和人才培养的高度重视！

本次修订主要体现在以下方面：

（1）按照最新颁布及修订的企业企计准则及最新的税收法规，对相关实验内容进行修订。将新发布或修订的《企业会计准则第7号——非货币性资产交换》《企业会计准则第12号——债务重组》《企业会计准则第14号——收入》《企业会计准则第22号——金融工具确认和计量》《企业会计准则第16号——政府补助》《企业会计准则第9号——职工薪酬》等，以及《关于深化增值税改革有关政策的公告》《国家税务总局关于在新办纳税人中实行增值税专用发票电子化有关事项的公告》等财税制度改革的最新要求体现于教材修订之中。

（2）将原始凭证和记账凭证单面印刷。凭证仿真，即用即撕，便于将原始凭证在实训时附于相应记账凭证后面。

（3）本书提供了实训用的空白记账凭证、日记账、总分类账和明细账，并附于每一实训资料后。学生不必再单独购买。另外，所提供的空白凭证留有一定的余量，便于做错时替换。

（4）本书沿书脊钢模压线，便于实训操作时裁剪。同时，每两张凭证之间都排有裁切线，便于凭证的整齐剪切。

（5）本书配有参考答案，任课教师可登录东北财经大学出版社网站（www.dufep.cn）下载使用。

（6）在配套资源上，增加了部分知识点的小结与总纂图片、思政教育视频、思政案例设计参考等，进一步丰富了本书的

（三）财务会计学基本内容结构

财务会计学一般划分为中级财务会计和高级财务会计，是在学习会计学原理的基础上，重点介绍如何运用会计技术，通过会计程序和会计核算方法及会计循环，对会计对象六大会计要素（资产、负债、所有者权益、收入、费用、利润）的具体内容进行会计处理。中级与高级财务会计的侧重点不同，分别核算的是六大会计要素的基本业务内容和特殊业务内容，分别递进阐述学习，便于理解掌握，实际工作中是融为一体。

中级财务会计的结构一般划分为14章，第一部分总论为第1章，学习会计框架结构的基础理论部分，是具体会计处理方法的指导依据；第二部分是第2至13章，重点学习六大会计要素的基本内容在会计凭证、会计账簿、会计报表等会计处理过程中的增加、减少及期末的确认、计量、记录方法；第三部分是第14章财务报告，学习会计信息的生成输出方法。高级财务会计就是针对六大要素中发生的特殊业务的会计处理方法，如债务重组等。课程基本内容结构见以下参考图示。

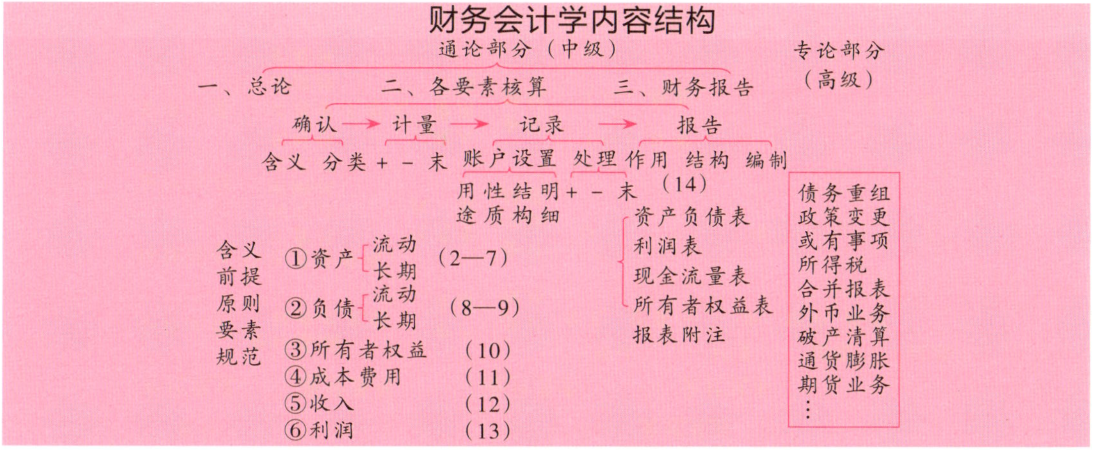

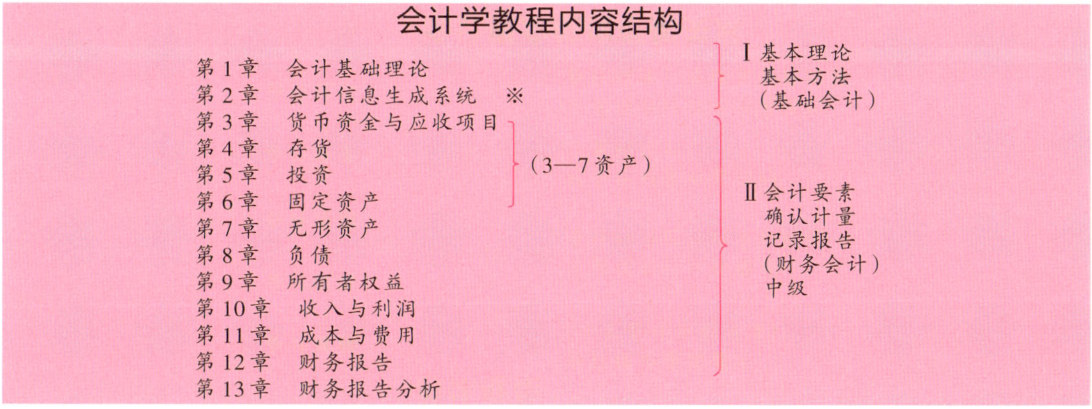

（四）“财务会计实训”的内容结构

“财务会计实训” 的内容结构（见教材目录）设计思路与财务会计学结构思路基本对应设置。旨在掌握会计学原理的基本理论、基本方法、基本技能后，进一步深入掌握六大会计要素基本业务的会计处理方法。与会计学原理侧重点不同，本部分实训可与财务会计学课程的学习内容同步配套使用或进行阶段实训。

问题思考：

1.试举例说明财务会计学与会计学原理课程的联系与区别。

2.试举例说明财务会计学各项会计要素学习内容之间的联系和区别。

实训一　货币资金及应收款项核算实训

（一）实训目的

熟悉货币资金结算与应收款项的核算，了解银行结算业务处理程序，掌握坏账的会计处理方法。

（二）实训资料

1. 泰山实验设备厂为一家股份制企业，该企业年末按应收账款余额的2%计提坏账准备。2021年12月初货币资金及应收款项各项目余额（单位：元）如下：

总账账户	二级账户	三级账户	借方余额	贷方余额
库存现金			1 800	
银行存款			386 780	
其他货币资金			0	
应收账款			656 090	
	海滨专用设备公司		129 090	
	东风柴油机厂		2 000	
	鲁南物资公司		300 000	
	济南机械公司		225 000	
坏账准备				13 121.80
其他应收款			168 000	
	泰山服装厂		165 000	
	王英国		2 000	
	备用金	总务科	1 000	

2. 该企业2021年12月份发生的有关货币资金及应收款项的业务核算资料如下：

（1）签发现金支票一张，金额为800元，设立行政科备用金。

业务1

中国工商银行（鲁）
现金支票存根
№01697668
附加信息
出票日期　　年　　月　　日
收款人：
金　额：
用　途：
单位主管　　　会计

ICBC 中国工商银行　现金支票（鲁）
№ 01697668
出票日期(大写)　　年　　月　　日　　付款行名称：
收款人：　　出票人账号：
本支票付款期限十天
人民币（大写）　千 百 十 万 千 百 十 元 角 分
用途
上列款项请从
我账户内支付
出票人签章
泰山实验设备厂 财务专用章
赵红 章
密码 198298738898

（2）12月5日，确认坏账。

业务2

应收东风柴油机厂货款2 000元，逾期3年无法收回，经批准同意核销。

厂长(签字)　丁志德

泰山会计师事务所注册会计师：江明

2021年12月5日

（3）12月10日，向银行申请办理银行汇票。

业务3 1/2

ICBC 中国工商银行汇票申请书（存　根）　1

申请日期 2021年12月10日　　第0128号

收款人	宝山钢铁厂			汇款人	泰山实验设备厂
账　号	2308267313			账　号	2403166818
兑付地点	××省上海市	兑付行	工行宝山营业部	汇款用途	购　货
汇票金额	人民币（大写）壹拾捌万元整				千 百 十 万 千 百 十 元 角 分：¥ 1 8 0 0 0 0 0 0

此联由汇款人留存作记账传票

备　注

科　　目＿＿＿＿

对方科目＿＿＿＿

财务主管　　复核　　经办

业务3 2/2

付款期 壹个月

ICBC 中国工商银行 银 行 汇 票　2

AB35974 第　号

出票日期（大写）：贰零贰壹年壹拾贰月壹拾壹日　　兑付地点：上海市　兑付行：工行宝山营业部　行号：2378

收款人：宝山钢铁厂	账号或住址：2308267313	
出票金额	人民币（大写）壹拾捌万元整	
实际结算金额	人民币（大写）	千 百 十 万 千 百 十 元 角 分

汇款人：泰山实验设备厂　　账号或地址：2403166818

出票行：南站办　行号：2875

汇款用途：购货

出票行盖章

（印章：中国工商银行泰山市南站办事处 2021.12.11 业务章）

（印章：张兵 章）

多余金额	
百 十 万 千 百 十 元 角 分	科　目（付）＿＿＿ 对方科目（收）＿＿＿ 兑付日期　年　月　日 复核　　记账

付汇票后此联作联行往来付出传票

本汇票和解讫通知一并由汇款人自带，兑付行兑

（4）12月12日，按购货合同规定预付货款。

业务4

ICBC 中国工商银行信汇凭证（回　单）1

汇款单位编号　　委托日期：2021年12月12日　　第0789124号

收款单位	全　称	宝山钢铁厂			汇款单位	全　称	泰山实验设备厂	
	账　号	2308267313				账　号	2403166818	
	汇入地点	××省 上海市	汇入行名称	工行宝山营业部		汇出地点	山东省 泰山市	汇出行名称　工行南站办
金额	人民币（大写）壹拾柒万捌仟元整							千百十万千百十元角分 ¥ 1 7 8 0 0 0 0 0
汇款用途：预付货款								(汇出行盖章)
上列款项已根据委托办理，如需查询，请持此回单来行面洽。								
单位主管　会计　复核　王峰　记账　张平								

此联是汇出银行给汇款单位的回单

中国工商银行泰山市南站办事处 2021.12.12 业务章

（5）12月13日，销售产品办妥委托收款，并开出转账支票代垫运费。

业务5 $\frac{1}{4}$

ICBC 中国工商银行委托银行收款结算凭证（回　单）1　　第05429号

委邮

委托日期　　年　　月　　日　　委收号码：

收款人	全　称			付款人	全　称		
	账　号				账　号		
	开户银行		行号		开户银行		
委收金额	人民币（大写）						千百十万千百十元角分
款项内容		委托收款凭据名称				附寄单证张数	
备注：		款项收妥日期　年　月　日			(收款单位开户行盖章)　年　月　日		

单位主管：　　会计：　　复核：　　记账：

中国工商银行泰山市南站办事处 2021.12.13 业务章

业务5 $\frac{2}{4}$

中国工商银行（鲁）
转账支票存根
№00422681

附加信息

出票日期2021年12月13日

收款人：	泰山市运输公司
金　额：	¥1 635.00
用　途：	代垫运费

单位主管　　会计

业务5 $\frac{3}{4}$

3709020311

泰山增值税专用发票

No 15003764

发票联

开票日期：2021年12月13日

购买方	名称：海滨专用设备公司 纳税人识别号：91330422100212563A 地址、电话：海滨市滨海路77号 81234567 开户行及账号：中国工商银行海滨市营业部2860834727				密码区	（略）		
货物或应税劳务、服务名称	规格型号	单位	数量	单价	金额	税率	税额	
运费					1 500.00	9%	135.00	
合计					¥1 500.00		¥135.00	
价税合计(大写)	⊗壹仟陆佰叁拾伍元整					（小写）¥1 635.00		
销售方	名称：泰山市运输公司 纳税人识别号：91736283542153232A 地址、电话：泰山市中兴路30号 82345678 开户行及账号：中国工商银行泰山市营业部240330631				备注	起运地：泰山 到达地：海滨 车种：东风货车 车号：鲁J78901 货物：实验台、校验器		

收款人：江 海　　复核：　　开票人：李春江　　销售方（章）

第三联：发票联　购买方记账凭证

业务5 $\frac{4}{4}$

3709020311

泰山增值税专用发票

No 40050093

此联不作报销、扣税凭证使用

开票日期：2021年12月13日

购买方	名称：海滨专用设备公司 纳税人识别号：91330422100212563A 地址、电话：海滨市滨海路77号 81234567 开户行及账号：中国工商银行海滨市营业部2860834727				密码区	（略）		
货物或应税劳务、服务名称	规格型号	单位	数量	单价	金额	税率	税额	
实验台		台	5	22 000.00	110 000.00	13%	14 300.00	
校验器		台	4	450.00	1 800.00	13%	234.00	
合计					¥111 800.00		¥14 534.00	
价税合计(大写)	⊗壹拾贰万陆仟叁佰叁拾肆元整					（小写）¥126 334.00		
销售方	名称：泰山实验设备厂 纳税人识别号：91370982310042168A 地址、电话：泰山市中兴路18号 87654321 开户行及账号：中国工商银行泰山市南站办事处2403166818				备注			

收款人：张 伟　　复核：赵 红　　开票人：王 平　　销售方（章）

第一联：记账联　销售方记账凭证

（6）12月15日，购入材料，以银行汇票结算货款。

业务6 $\frac{1}{2}$

3100143140

上海增值税专用发票

No 00178313

发票联

开票日期：2021年12月15日

购买方	名称：泰山实验设备厂 纳税人识别号：91370982310042168A 地址、电话：泰山市中兴路18号 87654321 开户行及账号：中国工商银行泰山市南站办事处2403166818				密码区	（略）		
货物或应税劳务、服务名称	规格型号	单位	数量	单价	金额	税率	税额	
钢板		吨	20	3 100.00	62 000.00	13%	8 060.00	
生铁		吨	40	298.00	11 920.00	13%	1 549.60	
圆钢		吨	27	2 000.00	54 000.00	13%	7 020.00	
合计					¥127 920.00		¥16 629.60	
价税合计(大写)	⊗壹拾肆万肆仟伍佰肆拾玖元陆角整					（小写）¥144 549.60		
销售方	名称：宝山钢铁厂 纳税人识别号：91370102310076857A 地址、电话：上海市解放路2号 88765432 开户行及账号：中国工商银行上海市宝山营业部2308267313				备注			

收款人：李 江　　复核：周 伟　　开票人：林 元　　销售方（章）

第三联：发票联　购买方记账凭证

业务 6 $\frac{2}{2}$

付款期
壹个月

ICBC 中国工商银行

银行汇票（多余款收账通知） 4

AB35974
第　　号

出票日期（大写）：贰零贰壹年壹拾贰月壹拾伍日　　兑付地点：上海市　兑付行：工行宝山营业部　行号：2378

收款人：宝山钢铁厂　　账号或住址：2308267313

出票金额　人民币（大写）壹拾捌万元整

实际结算金额 人民币（大写）	千	百	十	万	千	百	十	元	角	分
壹拾肆万肆仟伍佰肆拾玖元陆角整		¥	1	4	4	5	4	9	6	0

汇款人：泰山实验设备厂　　账号或地址：2403166818

张兵章

出票行：南站办　行号：2875

汇款用途：购货

出票行盖章

中国工商银行泰山市南站办事处 2021.12.15 业务章

多余金额								
百	十	万	千	百	十	元	角	分
	¥	3	5	4	5	0	4	0

左列退回多余金额已收入你账户内。

财务主管　　复核 王峰　　经办

（7）12 月 25 日，收到货款。

第 0013427 号

托收号码：

业务 7

ICBC 中国工商银行 邮

托收承付结算凭证（收账通知） 4

承付期限
到期 2021 年 12 月 26 日

委托日期 2021 年 12 月 13 日

收款人	全称	泰山实验设备厂	付款人	全称	海滨专用设备公司
	账号	2403166818		账号	2860834727
	开户银行	工行南站办　行号 2875		开户银行	工行海滨市营业部

托收金额 人民币（大写）	千	百	十	万	千	百	十	元	角	分
壹拾贰万柒仟玖佰陆拾玖元整		¥	1	2	7	9	6	9	0	0

附件		商品发运情况	合同名称号码
附寄单证张数或册数	3	铁路	

备注：

上列款项已由付款单位开户行全额划回并收入你方账户内。
此致
收款单位
（收款单位开户行盖章）
2021 年 12 月 25 日

中国工商银行泰山市南站办事处 2021.12.25 转讫

科目＿＿＿＿
对方科目＿＿＿＿
转账　　年　　月　　日
单位主管　　　会计
复核 王峰　　记账 张平

此联是收款单位开户银行在款项收妥后给收款单位的收账通知

（8）12月26日，收到存款利息收入。

业务8

ICBC 中国工商银行（存款）利息转账专用传票

科目：　　　　2021年12月26日　　　　第123号

收入利息单位	名　称	泰山实验设备厂	支付利息单位	名　称	市工行
	账　号	2403166818		账　号	2409005431
利　息 金　额	人民币（大写）伍仟捌佰贰拾陆元伍角整			千百十万千百十元角分	￥5 8 2 6 5 0
计息存、贷款户账号				上列利息金额已如数收、付你单位结算账户 中国工商银行泰山市南站办事处 2021.12.26 转讫 开户银行盖章	
计息利息起讫时间	2021年9月26日起 2021年12月26日止				
计息积数	￥739 873.00	利率月息0.2625%			
备注：存款利息					

单位主管：　　会计：　　复核：李　林　　制单：王　兴

第一联　存款利息收账通知联放款利息代支款通知

（9）12月28日，支付本月电话费。

业务9 $\frac{1}{2}$

ICBC 中国工商银行　委托银行收款结算凭证（付款通知）　5　　第07237号　委收号码：

委邮　　委托日期：2021年12月27日　　付款期限2021年12月28日　延期期限　年　月　日

收款人	全　称	泰山市邮电局市话营业部			付款人	全　称	泰山实验设备厂
	账　号	2212012001				账　号	2403166818
	开户银行	工行南站办	行号	2875		开户银行	工行南站办
委收金额	人民币（大写）肆仟零壹拾壹元陆角叁分					千百十万千百十元角分	￥4 0 1 1 6 3
款项内容	电话费	委托收款凭据名称	收据			附寄单证张数	1
备注：	付款人注意： 1. 根据结算方式规定，上列委托收款，如在付款期限内未拒付时，即视同全部同意付款，以此联代支款通知。 2. 如需提前付款或多付少付款时，应另写书面通知送银行办理。 3. 如果全部或部分拒付，应付款期限内另填拒绝付款理由书送银行办理。 中国工商银行泰山市南站办事处 2021.12.28 业务章						

单位主管：　　会计：　　复核：王　峰　　记账：张　平　　付款单位开户行盖章：

此联是付款单位开户银行通知付款单位按期付款的通知

业务9 $\frac{2}{2}$

3709020311

泰山增值税专用发票

发票联

№ 03212904

开票日期：2021年12月28日

购买方	名称：泰山实验设备厂 纳税人识别号：91370982310042168A 地址、电话：泰山市中兴路18号 87654321 开户行及账号：中国工商银行泰山市南站办事处2403166818				密码区	（略）	
货物或应税劳务、服务名称	规格型号	单位	数量	单价	金额	税率	税额
电话费		月	1	3 784.56	3 784.56	6%	227.07
合计					¥3 784.56		¥227.07
价税合计(大写)	⊗肆仟零壹拾壹元陆角叁分					(小写)¥4 011.63	
销售方	名称：泰山市邮电局市话营业部 纳税人识别号：91380217362173960A 地址、电话：泰山市中兴路1385号 87765432 开户行及账号：中国工商银行泰山市南站办事处2212012001				备注	泰山市邮电局市话营业部 91380217362173960A 发票专用章	

收款人：沈 运　　复核：顾芸芸　　开票人：胡 倩　　销售方（章）

第三联：发票联　购买方记账凭证

（10）12月29日，行政科室报销购买办公用品款，并借款以现金补足备用金。

业务10 $\frac{1}{2}$

3709020311

泰山增值税专用发票

№ 00171234

开票日期：2021年12月29日

购买方	名称：泰山实验设备厂 纳税人识别号：91370982310042168A 地址、电话：泰山市中兴路18号 87654321 开户行及账号：中国工商银行泰山市南站办事处2403166818				密码区	（略）	
货物或应税劳务、服务名称	规格型号	单位	数量	单价	金额	税率	税额
计算器		个	5	125.00	625.00	13%	81.25
工作手册		本	25	0.80	20.00	13%	2.60
碳素墨水		瓶	40	0.60	24.00	13%	3.12
稿纸		本	50	0.50	25.00	13%	3.25
合计					¥694.00		¥90.22
价税合计(大写)	⊗柒佰捌拾肆元贰角贰分					(小写)¥784.22	
销售方	名称：泰山市文化用品门市部 纳税人识别号：91370102123476857A 地址、电话：泰山市解放路2号 32111124 开户行及账号：中国工商银行泰山市南路办事处2308265123				备注	泰山市文化用品门市部 91370102123476857A 发票专用章	

收款人：李 伟　　复核：周 元　　开票人：林 江　　销售方（章）

第三联：发票联　购买方记账凭证

业务 $10\frac{2}{2}$

办公用品领用表

2021年12月29日　　金额单位：元

领用车间、部门	领发数量				金额
	计算器	工作手册	碳素墨水	稿纸	
机加工车间	1	5	8	10	138.80
装配车间	1	5	8	10	138.80
机修车间	1	5	8	10	138.80
厂部管理部门	2	10	16	20	277.60
合　计	5	25	40	50	694.00

审核：赵　瑞　　制表：林　元

（11）12月31日，计提坏账准备（假设其他应收款不计提坏账准备）。

业务 11

坏账准备计提表

年　月　日

项目	账面余额	计提比例	应提准备数	账面已提数	应补提（或冲减）数
应收账款					
合　计					

审核：　　制表：

（三）实训任务

1. 根据资料1开设货币资金及应收款项的总账、明细账、日记账。
2. 根据资料2完成有关表格的计算和有关原始凭证的填制，并编制记账凭证。
3. 根据原始凭证、记账凭证登记开设的总账、明细账、日记账，计算总账余额并计提坏账准备。
4. 对银行存款、库存现金日记账与总账进行账账核对。
5. 说明各项结算业务的办理手续，撰写实验小结。

（四）实训指引

1. 实训形式：分组实训，每组2人，分为出纳员和记账员，注意实验程序的流程。
2. 实训时间：本项实训约需45分钟。
3. 实训用纸：收款凭证3张；付款凭证6张；转账凭证4张；三栏式总分类账账页7张；三栏式明细账账页10张；日记账账页3张。

思政视频

货币资金内部控制缺失
会计蚂蚁搬家挪走公款600万元

总账

第　　　页

年		凭证		摘要	对方科目	日页	借方金额													贷方金额													借或贷	余额												
月	日	种类	号数				百	十	亿	千	百	十	万	千	百	十	元	角	分	百	十	亿	千	百	十	万	千	百	十	元	角	分		百	十	亿	千	百	十	万	千	百	十	元	角	分

总账

第　　　页

年		凭证		摘要	对方科目	日页	借方金额													贷方金额													借或贷	余额												
月	日	种类	号数				百	十	亿	千	百	十	万	千	百	十	元	角	分	百	十	亿	千	百	十	万	千	百	十	元	角	分		百	十	亿	千	百	十	万	千	百	十	元	角	分

总账

第　　页

年		凭证		摘要	对方科目	日页	借方金额													贷方金额													借或贷	余额												
月	日	种类	号数				百	十	亿	千	百	十	万	千	百	十	元	角	分	百	十	亿	千	百	十	万	千	百	十	元	角	分		百	十	亿	千	百	十	万	千	百	十	元	角	分

总账

第　　页

年		凭证		摘要	对方科目	日页	借方金额													贷方金额													借或贷	余额												
月	日	种类	号数				百	十	亿	千	百	十	万	千	百	十	元	角	分	百	十	亿	千	百	十	万	千	百	十	元	角	分		百	十	亿	千	百	十	万	千	百	十	元	角	分

总账

第　　　　页

年		凭证		摘要	对方科目	日页	借方金额													贷方金额													借或贷	余额												
月	日	种类	号数				百	十	亿	千	百	十	万	千	百	十	元	角	分	百	十	亿	千	百	十	万	千	百	十	元	角	分		百	十	亿	千	百	十	万	千	百	十	元	角	分

总账

第　　　　页

年		凭证		摘要	对方科目	日页	借方金额													贷方金额													借或贷	余额												
月	日	种类	号数				百	十	亿	千	百	十	万	千	百	十	元	角	分	百	十	亿	千	百	十	万	千	百	十	元	角	分		百	十	亿	千	百	十	万	千	百	十	元	角	分

总账

第　　页

年		凭证		摘要	对方科目	日页	借方金额													贷方金额													借或贷	余额												
月	日	种类	号数				百	十	亿	千	百	十	万	千	百	十	元	角	分	百	十	亿	千	百	十	万	千	百	十	元	角	分		百	十	亿	千	百	十	万	千	百	十	元	角	分

总账

第　　页

年		凭证		摘要	对方科目	日页	借方金额													贷方金额													借或贷	余额												
月	日	种类	号数				百	十	亿	千	百	十	万	千	百	十	元	角	分	百	十	亿	千	百	十	万	千	百	十	元	角	分		百	十	亿	千	百	十	万	千	百	十	元	角	分

总第　　　页　分第　　　页

明细账

级科目编号及名称

年		凭证		摘要	对方科目	日	借方金额											√	贷方金额											√	借或贷	余额											√
月	日	种类	号数			页	亿	千	百	十	万	千	百	十	元	角	分		亿	千	百	十	万	千	百	十	元	角	分			亿	千	百	十	万	千	百	十	元	角	分	

总第　　　页　分第　　　页

明细账

级科目编号及名称

年		凭证		摘要	对方科目	日	借方金额											√	贷方金额											√	借或贷	余额											√
月	日	种类	号数			页	亿	千	百	十	万	千	百	十	元	角	分		亿	千	百	十	万	千	百	十	元	角	分			亿	千	百	十	万	千	百	十	元	角	分	

总第______页 分第______页

明细账

______级科目编号及名称______

年		凭证		摘要	对方科目	日页	借方金额											√	贷方金额											√	借或贷	余额											√
月	日	种类	号数				亿	千	百	十	万	千	百	十	元	角	分		亿	千	百	十	万	千	百	十	元	角	分			亿	千	百	十	万	千	百	十	元	角	分	

总第______页 分第______页

明细账

______级科目编号及名称______

年		凭证		摘要	对方科目	日页	借方金额											√	贷方金额											√	借或贷	余额											√
月	日	种类	号数				亿	千	百	十	万	千	百	十	元	角	分		亿	千	百	十	万	千	百	十	元	角	分			亿	千	百	十	万	千	百	十	元	角	分	

总第　　　页　分第　　　页

明细账

级科目编号及名称

年		凭证		摘要	对方科目	日页	借方金额											√	贷方金额											√	借或贷	余额											√
月	日	种类	号数				亿	千	百	十	万	千	百	十	元	角	分		亿	千	百	十	万	千	百	十	元	角	分			亿	千	百	十	万	千	百	十	元	角	分	

总第　　　页　分第　　　页

明细账

级科目编号及名称

年		凭证		摘要	对方科目	日页	借方金额											√	贷方金额											√	借或贷	余额											√
月	日	种类	号数				亿	千	百	十	万	千	百	十	元	角	分		亿	千	百	十	万	千	百	十	元	角	分			亿	千	百	十	万	千	百	十	元	角	分	

总第______页 分第______页

明细账

______级科目编号及名称______

年		凭证		摘要	对方科目	日页	借方金额											√	贷方金额											√	借或贷	余额											√
月	日	种类	号数				亿	千	百	十	万	千	百	十	元	角	分		亿	千	百	十	万	千	百	十	元	角	分			亿	千	百	十	万	千	百	十	元	角	分	

总第______页 分第______页

明细账

______级科目编号及名称______

年		凭证		摘要	对方科目	日页	借方金额											√	贷方金额											√	借或贷	余额											√
月	日	种类	号数				亿	千	百	十	万	千	百	十	元	角	分		亿	千	百	十	万	千	百	十	元	角	分			亿	千	百	十	万	千	百	十	元	角	分	

库存现金日记账

第　　页

年		凭证号数	对方科目	摘要	✓	收入(借方)金额										付出(贷方)金额										结余金额									
月	日					千	百	十	万	千	百	十	元	角	分	千	百	十	万	千	百	十	元	角	分	千	百	十	万	千	百	十	元	角	分

库存现金日记账

第　　页

年		凭证号数	对方科目	摘要	√	收入(借方)金额										付出(贷方)金额										结余金额									
月	日					千	百	十	万	千	百	十	元	角	分	千	百	十	万	千	百	十	元	角	分	千	百	十	万	千	百	十	元	角	分

银行存款日记账

年		凭证号数	支票号码	对方科目	摘要	√	收入(借方)金额											付出(贷方)金额											结余金额										
月	日						亿	千	百	十	万	千	百	十	元	角	分	亿	千	百	十	万	千	百	十	元	角	分	亿	千	百	十	万	千	百	十	元	角	分

业务 2$\frac{2}{5}$

江东增值税电子专用发票

机器编号：499098308883

发票代码：052002175613
发票号码：15785085
开票日期：2021 年 5 月 27 日
校 验 码：略

全国统一发票监制章 国家税务总局 江东市税务局

购买方	名　　称：华峰电缆厂 纳税人识别号：91370910003152638A 地 址 、电 话：潮山市华新路 9 号　88812345 开户行及账号：中国工商银行潮山市营业部 2400213218			密码区	（略）		
项目名称	规格型号	单位	数量	单　价	金　额	税率	税　额
运费					500.00	9%	45.00
合　计					¥ 500.00		¥ 45.00
价税合计（大写）	⊗伍佰肆拾伍元整				（小写）¥ 545.00		
销售方	名　　称：江东市铁路分局 纳税人识别号：91133017214360014X 地 址 、电 话：江东市明慧路 30 号　81122345 开户行及账号：中国工商银行江东市营业部 262408562			备注	起运地：江东 到达地：潮山 车种：东风货车 车号：江 B13579 货物：电解铜板		

收款人：王丽　　复核：王红　　开票人：李宁雨

业务 2$\frac{3}{5}$

江东增值税电子普通发票

机器编号：499098308883

发票代码：052002175613
发票号码：15785058
开票日期：2021 年 5 月 27 日
校 验 码：略

全国统一发票监制章 国家税务总局 江东市税务局

购买方	名　　称：华峰电缆厂 纳税人识别号：91370910003152638A 地 址 、电 话：潮山市华新路 9 号　88812345 开户行及账号：中国工商银行潮山市营业部 2400213218			密码区	（略）		
项目名称	规格型号	单位	数量	单　价	金　额	税率	税　额
装卸费					122.64	6%	7.36
合　计					¥ 122.64		¥ 7.36
价税合计（大写）	⊗壹佰叁拾元整				（小写）¥ 130.00		
销售方	名　　称：江东市铁路分局 纳税人识别号：91133017214360014X 地 址 、电 话：江东市明慧路 30 号　81122345 开户行及账号：中国工商银行江东市营业部 262408562			备注			

收款人：王丽　　复核：王红　　开票人：李宁雨

业务 2$\frac{4}{5}$

ICBC 中国工商银行信汇凭证（回　单）　1

汇款单位编号

委托日期：2021 年 6 月 5 日　　　　第 002457 号

收款单位	全　称	华新冶炼厂		汇款单位	全　称	华峰电缆厂	
	账　号	2606004287			账　号	2400213218	
	汇入地点	××省 江东市	汇入行名称：市工行营业部		汇出地点	××省 潮山市	汇出行名称：市工行营业部
金额	人民币（大写）	贰拾玖万壹仟零捌拾伍元整				千 百 十 万 千 百 十 元 角 分	¥ 2 9 1 0 8 5 0 0
汇款用途：货款						(汇出行盖章)	
上列款项已根据委托办理，如需查询，请持此回单来行面洽。							
单位主管　会计　复核　记账						2021 年 6 月 5 日	

中国工商银行潮山市营业部 2021.06.05 业务章

此联是汇出银行给汇款单位的回单

业务2 5/5

收料单

供应单位：华新冶炼厂　　材料科目：原材料　　编号：

发票号码：00546186　　2021年6月5日　　材料类别：　　仓库：1号库

材料编号	名称	规格	计量单位	数量		实际成本					计划成本	
				应收	实收	买价		运费	其他	合计	单位成本	金额
						单价	金额					
1101	电解铜板		千克	10	10	25 700	257 000	500	130	257 630		

收料人：王兵　　经手人：任哲

（3）6月7日，承付货款，材料尚未到达（销售方代垫运费）。

业务3 1/3

第0015268号

托收号码：

ICBC 中国工商银行托收承付结算凭证（付款通知）　5

付款期限	年 月 日
到期期限	2021年6月10日

邮　　委托日期：2021年6月7日

收款人	全称	华新冶炼厂			付款人	全称	华峰电缆厂
	账号	2606004287				账号	2400213218
	开户银行	江东市工行营业部	行号	2023		开户银行	潮山市工行营业部
托收金额	人民币（大写）肆拾肆万陆仟伍佰肆拾肆元整						¥446 544.00
附件		商品发运情况			合同名称号码		
附寄单证张数或册数	2	铁路					
备注：		付款单位注意： 1.根据结算方式规定，上列托收款项，在承付期限内未拒付时，即视同全部承付。如系全额支付即以此联代支款通知；如遇延付或部分支付时，再由银行另送延付或部分支付的支款通知。 2.如需提前承付或多承付的，应另写书面通知送银行办理。 3.如系全部或部分拒付，应在承付期限内另填拒绝承付理由书送银行办理。					

此联是付款单位开户银行通知付款单位按期承付货款的承付（支款）通知

中国工商银行潮山市营业部 业务章

单位主管：　会计：　复核：　记账：　付款单位开户行盖章

业务3 2/3

江东增值税电子专用发票

全国统一发票监制章 国家税务总局江东市税务局

发票代码：052002175613

发票号码：00546187

开票日期：2021年6月2日

校验码：略

机器编号：499098308881

购买方	名称：华峰电缆厂 纳税人识别号：913709100031526 38A 地址、电话：潮山市华新路9号 88812345 开户行及账号：中国工商银行潮山市营业部2400213218	密码区	（略）

项目名称	规格型号	单位	数量	单价	金额	税率	税额
电解铜板		千克	8	25 750.00	206 000.00	13%	26 780.00
电解铝锭		千克	12	15 700.00	188 400.00	13%	24 492.00
合计					¥394 400.00		¥51 272.00
价税合计（大写）	⊗肆拾肆万伍仟陆佰柒拾贰元整				（小写）¥445 672.00		

销售方	名称：华新冶炼厂 纳税人识别号：91320600003142638A 地址、电话：江东市明慧路6号 81123456 开户行及账号：中国工商银行江东市营业部2606004287	备注	

收款人：王锐　　复核：李亚　　开票人：张伟

业务3 $\frac{3}{3}$

江东增值税电子专用发票

机器编号：499098308883

发票代码：052002175613
发票号码：59897732
开票日期：2021年6月2日
校验码：略

（印章：全国统一发票监制章 国家税务总局 江东市税务局）

购买方	名称：华峰电缆厂 纳税人识别号：91370910003152638A 地址、电话：潮山市华新路9号 88812345 开户行及账号：中国工商银行潮山市营业部2400213218				密码区	（略）		
项目名称	规格型号	单位	数量	单价	金额	税率	税额	
运费					800.00	9%	72.00	
合计					￥800.00		￥72.00	
价税合计（大写）	⊗捌佰柒拾贰元整					（小写）￥872.00		
销售方	名称：江东市铁路分局 纳税人识别号：91133017214360014X 地址、电话：江东市明慧路30号 81122345 开户行及账号：中国工商银行江东市营业部262408562				备注	起运地：江东 到达地：潮山 车种：东风货车 车号：江B45670 货物：电解铜板、电解铝锭		

收款人：王丽　　复核：王红　　开票人：李宁雨

（4）6月8日，领料。

业务4　领料单位：加工车间

领　料　单

用　途：修理设备用　　2021年6月8日　　编号：______　仓库：4号库

材料编号	材料名称及规格	计量单位	数量 请领	数量 实领	价格 单价	价格 金额	备注
1401	轴承	套	20	20			

领料单位负责人：齐春义　　领料人：李明　　发料人：赵宏　　制单：刘东

（5）6月10日，加工车间领用电解铜板5千克、电解铝锭3千克，填写该月限额领料单（见业务1）。

（6）6月16日，加工车间领用电解铜板10千克、电解铝锭10千克，填写该月限额领料单（见业务1）。

（7）6月16日，月初在途材料验收入库。

业务7 $\frac{1}{2}$　供应单位：上海轴承厂

收　料　单

发票号码：00134310　　2021年6月16日　　材料科目：原材料　材料类别：　　编号：______　仓库：4号库

材料编号	名称	规格	计量单位	数量 应收	数量 实收	实际成本 买价 单价	实际成本 买价 金额	实际成本 运费	实际成本 其他	实际成本 合计	计划成本 单位成本	计划成本 金额
1401	轴承		套	40	40	136	5 440	80		5 520		

收料人：董梅　　经手人：任哲

业务7$\frac{2}{2}$ 供应单位：江中物资公司

收 料 单

材料科目：原材料　编号：______

发票号码：03268470　2021年6月16日　材料类别：　仓库：1号库

材料编号	名 称	规 格	计量单位	数量 应收	数量 实收	实际成本 买价 单价	实际成本 买价 金额	实际成本 运费	实际成本 其他	实际成本 合 计	计划成本 单位成本	计划成本 金额
1101	电解铜板		千克	8	8	20 137.50	161 100	700		161 800		

收料人：王 兵　经手人：任 哲

（8）6月18日，领料。

业务8 领料单位：加工车间

领 料 单

编号：______

用　途：设备维修　2021年6月18日　仓库：4号库

材料编号	材料名称及规格	计量单位	数量 请 领	数量 实 领	价格 单 价	价格 金 额	备 注
1401	轴承	套	8	8			

领料单位负责人：乔泰义　领料人：李明　发料人：赵宏　制单：刘东

（9）6月20日，购入材料一批，增值税当月符合抵扣规定已抵扣。

业务9$\frac{1}{3}$

潮山增值税电子专用发票

全国统一发票监制章 国家税务总局 潮山市税务局

机器编号：499098308885

发票代码：052202175613

发票号码：00546387

开票日期：2021年6月20日

校验码：略

购买方	名　称：华峰电缆厂 纳税人识别号：91370910003152638A 地址、电话：潮山市华新路9号 88812345 开户行及账号：中国工商银行潮山市营业部2400213218	密码区	（略）

项目名称	规格型号	单位	数量	单 价	金 额	税率	税 额
轴承		套	10	140.00	1 400.00	13%	182.00
合 计					¥1 400.00		¥182.00
价税合计(大写)	⊗壹仟伍佰捌拾贰元整				(小写)¥1 582.00		

销售方	名　称：潮山市轴承厂 纳税人识别号：91370100024032457A 地址、电话：潮山市延安路22号 87766554 开户行及账号：中国工商银行天桥办事处2100102126	备注	

收款人：李 平　复核：张 兴　开票人：龚 平

业务 $9\frac{2}{3}$

中国工商银行
转账支票存根（粤）
№00362926

附加信息

出票日期 2021 年 6 月 20 日

收款人：	潮山市轴承厂
金　额：	¥1 582.00
用　途：	购料

单位主管　王平　　会计　刘新

业务 $9\frac{3}{3}$

收　料　单

供应单位：潮山市轴承厂　　材料科目：原材料　　编号：004

发票号码：00546387　　2021 年 6 月 20 日　　材料类别：　　仓库：4号库

材料编号	名称	规格	计量单位	数量		实际成本					计划成本	
				应收	实收	买价 单价	买价 金额	运费	其他	合计	单位成本	金额
1401	轴承		套	10	10	140	1 400			1 400		

收料人：董梅　　经手人：赵采

（10）6 月 23 日，6 月 7 日付款的材料验收入库，填写收料单。

业务 $10\frac{1}{5}$

材料损耗报告单

2021 年 6 月 23 日　　单位：元

供应单位	材料名称及规格	计量单位	损耗数量	单价	价款	税额	价税合计	损耗原因	处理意见
华新冶炼厂	电解铜板	千克	0.5	25 750	12 875	1 673.75	14 548.75	运输部门丢失	由江东市铁路分局赔偿
合　计									

审批：　　检验：　　保管：王兵　　制单：李玉

业务 $10\frac{2}{5}$

赔　偿　请　求　单

2021 年 6 月 23 日

货物名称	电解铜板	发运单位	华新冶炼厂	票据号码	00546187	发运数量	8千克
价款	206 000.00元	运费		到达实收		7.5千克	
损失品种	电解铜板	损失数量	0.5千克	要求赔偿金额		14 548.75元	
损失原因	货物在江东站丢失，系江东市铁路分局责任，请求赔偿价税合计 14 548.75 元。						

请求赔偿单位：华峰电缆厂（印章：华峰电缆厂）　　赔偿单位：

业务 $10\frac{3}{5}$

材料运费分配表

2021年6月23日　　单位：元

材料名称	分配标准（重量：千克）	分配率	分配额	备注
电解铜板	8			
电解铝锭	12			
合计	20			

业务 $10\frac{4}{5}$

收料单

供应单位：华新冶炼厂　　材料科目：原材料　　编号：005

发票号码：00546187　　2021年6月23日　　材料类别：　　仓库：1号库

材料编号	名称	规格	计量单位	数量		实际成本					计划成本	
				应收	实收	买价		运费	其他	合计	单位成本	金额
						单价	金额					
1101	电解铜板		千克	8	7.5	25 750	193 125					

收料人：王兵　　经手人：李玉

业务 $10\frac{5}{5}$

收料单

供应单位：华新冶炼厂　　材料科目：原材料　　编号：006

发票号码：00546187　　2021年6月23日　　材料类别：　　仓库：2号库

材料编号	名称	规格	计量单位	数量		实际成本					计划成本	
				应收	实收	买价		运费	其他	合计	单位成本	金额
						单价	金额					
1102	电解铝锭		千克	12	12	15 700	188 400					

收料人：宋英　　经手人：李玉

（11）6月30日，对库存材料进行实地盘点，清查结果见表。

业务 11

账存实存对比表

单位名称：　　年　月　日

类别名称	计量单位	单价	实存		账存		对比结果				备注
							盘盈		盘亏		
			数量	金额	数量	金额	数量	金额	数量	金额	
电解铜板	千克		35								
电解铝锭	千克		17								
轴承	套		42								

明细账

总第　　页　分第　　页

存储地点　　　　最高存量　　　　最低存量　　　　计量单位　　　　货名

年		凭证		摘要	收入（借方）												发出（贷方）												结存											
月	日	种类	号数		数量	单价	金额										数量	单价	金额										数量	单价	金额									
							千	百	十	万	千	百	十	元	角	分			千	百	十	万	千	百	十	元	角	分			千	百	十	万	千	百	十	元	角	分

明细账

总第　　页　分第　　页

存储地点　　　　最高存量　　　　最低存量　　　　计量单位　　　　货名

年		凭证		摘要	收入（借方）												发出（贷方）												结存											
月	日	种类	号数		数量	单价	金额										数量	单价	金额										数量	单价	金额									
							千	百	十	万	千	百	十	元	角	分			千	百	十	万	千	百	十	元	角	分			千	百	十	万	千	百	十	元	角	分

实训三　固定资产核算实训

（一）实训目的

通过实训使学生了解固定资产增加的来源和减少的原因，熟悉折旧计算方法，掌握固定资产总分类核算的会计处理。

（二）实训资料

苏州针织有限责任公司为增值税一般纳税人，购入固定资产支付的增值税当月已认证抵扣。该公司2021年11月份有关固定资产的业务资料如下：

1.2021年11月5日，购置不需安装的设备。

业务1 1/3

苏州增值税专用发票　　№ 00546187

2602623756　　开票日期：2021年11月5日

购买方	名　　称：苏州针织有限责任公司 纳税人识别号：91370982310042169A 地址、电话：苏州市内环路37号 88777654 开户行及账号：中国工商银行苏州市新道支行 430002183421	密码区	（略）

货物或应税劳务、服务名称	规格型号	单位	数量	单价	金额	税率	税额
程控交换机	HJ	台	1	200 000.00	200 000.00	13%	26 000.00
合　计					¥200 000.00		¥26 000.00
价税合计（大写）	⊗贰拾贰万陆仟元整				（小写）¥226 000.00		

销售方	名　　称：苏州机电公司 纳税人识别号：91260213010135268M 地址、电话：苏州市普华路119号 81112345 开户行及账号：中国工商银行苏州市普华支行 2100102126	备注	

收款人：赵　红　　复核：王　曼　　开票人：李　单　　销售方：（章）

第三联：发票联　购买方记账凭证

业务1 2/3

ICBC 中国工商银行　转账支票（苏）

№ 021529469

出票日期（大写）贰零贰壹年壹拾壹月零伍日　　付款行名称：工行新道支行

收款人：苏州机电公司　　出票人账号：430002183421

人民币（大写）	千	百	十	万	千	百	十	元	角	分
贰拾贰万陆仟元整		¥	2	2	6	0	0	0	0	0

本支票付款期限十天

用途 付程控交换机购置费

上列款项请从

我账户内支付

出票人签章

密码 108298069999

复核　　记账 刘国民　　验印

业务1 3/3

固定资产验收交接单

№ 0008757

2021年11月5日　　　　金额单位：元

资产编号	资产名称	型号、规格或结构面积	计量单位	数量	设备价值或工程造价	设备基础及安装费用	附加费用	合计
	程控交换机	HJ	台	1	200 000			200 000

				主要附属设备	
资产来源		耐用年限			
制造厂名	苏州机电公司	估计残值			
制造日期及编号	年 №	基本折旧率			
工程项目或使用部门		复杂系数	机械　电气		

交验部门主管　刘　源　　点交人　刘　明　　接管部门主管　黎昭坤　　接管人　张　萍

2.11月11日，企业改扩建厂房工程领用工程物资。

业务2

领　料　单

领料单位：施工一队　　编号：001
用　　途：厂房改建　　仓库：3号库

2021年11月11日

材料编号	材料名称及规格	计量单位	数量 请领	数量 实领	价格 单价	价格 金额	备注
1502	盘圆钢筋	吨	80	80	1 240.00	99 200.00	

领料单位负责人：丁　乐　　领料人：江　云　　发料人：赵　宏　　制单：李　琳

3.11月12日，购置热拉机（需安装）1台。

业务3 1/5

上海增值税专用发票

3100091140　　№ 00548716

开票日期：2021年11月12日

购买方		密码区	
名　　称：苏州针织有限责任公司 纳税人识别号：91370982310042169A 地址、电话：苏州市内环路37号 88777654 开户行及账号：中国工商银行苏州市新道支行430002183421			(略)

货物或应税劳务、服务名称	规格型号	单位	数量	单价	金额	税率	税额
热拉机	734BN-180	台	1	63 188.00	63 188.00	13%	8 214.44
合　计					¥63 188.00		¥ 8 214.44
价税合计(大写)	⊗柒万壹仟肆佰零贰元肆角肆分				（小写）¥71 402.44		

销售方	备注
名　　称：上海通用机械厂 纳税人识别号：91370982310060302M 地址、电话：上海市内环路77号 82223456 开户行及账号：中国工商银行上海市商铺支行430002183124	上海通用机械厂 91370982310060302M 发票专用章

收款人：王一凡　　复核：李　文　　开票人：张　娟　　销售方（章）

第三联：发票联　购买方记账凭证

业务3 $\frac{2}{5}$

ICBC 中国工商银行信汇凭证（回　单）　1

汇款单位编号　　委托日期：2021年11月12日　　第0874321号

收款单位	全　称	上海通用机械厂		汇款单位	全　称	苏州针织有限责任公司	
	账　号或住址	430002183124			账　号或住址	430002183421	
	汇　入地　点	××省上海市	汇入行名称：工行商储支行		汇　出地　点	江苏省苏州市	汇出行名称：工行新道支行
金额	人民币（大写）柒万壹仟肆佰零贰元肆角肆分						千百十万千百十元角分 ¥7140244
汇款用途：购热拉机					(汇出行盖章) 2021年11月12日		
上列款项已根据委托办理，如需查询，请持此回单来行面洽。							
单位主管王文辉　会计郭建华　复核李建平　记账刘国民							

此联是汇出银行给汇款单位的回单

中国工商银行苏州市新道支行 2021.11.12 业务章

业务3 $\frac{3}{5}$

苏州增值税专用发票

3200048030　　№ 12713905

开票日期：2021年11月12日

购买方	名称：苏州针织有限责任公司 纳税人识别号：91370982310042169A 地址、电话：苏州市内环路37号 88777654 开户行及账号：中国工商银行苏州市新道支行 430002183421			密码区	(略)		
货物或应税劳务、服务名称	规格型号	单位	数量	单价	金额	税率	税额
安装费			1	15 170.53	15 170.53	9%	1 365.35
合　计					¥15 170.53		¥1 365.35
价税合计(大写)	⊗壹万陆仟伍佰叁拾伍元捌角捌分				(小写)¥16 535.88		
销售方	名称：苏州市安装公司 纳税人识别号：91274856321648115M 地址、电话：苏州市内环路77号 80123456 开户行及账号：中国工商银行苏州市桥西办 430003044021			备注			

收款人：张华　　复核：王民　　开票人：李兵　　销售方（章）

第三联：发票联　购买方记账凭证

苏州市安装公司 91274856321648115M 发票专用章

业务3 $\frac{4}{5}$

ICBC 中国工商银行　转账支票（苏）

№ 00209235

出票日期(大写) 贰零贰壹年壹拾壹月壹拾贰日　　付款行名称：工行新道支行

收款人：苏州市安装公司　　出票人账号：430002183421

	千	百	十	万	千	百	十	元	角	分
人民币（大写）壹万陆仟伍佰叁拾伍元捌角捌分			¥	1	6	5	3	5	8	8

本支票付款期限十天

用途 付热拉机安装费

上列款项请从

我账户内支付

密码 108298068800

出票人签章　　复核　　记账 刘国民　　验印

苏州针织有限责任公司 财务专用章　　李天志印

业务3 5/5

固定资产验收交接单

№ 0008758

2021年11月16日　　金额单位：元

资产编号	资产名称	型号、规格或结构面积	计量单位	数量	设备价值或工程造价	设备基础及安装费用	附加费用	合计
	热拉机	734BN-180	台	1	63 188.00	15 170.53		78 358.53

资产来源		耐用年限		主要附属设备	1.MH 602J-180
制造厂名	上海通用机械厂	估计残值			2.MH 56J-18
制造日期及编号	年№	基本折旧率			
工程项目或使用部门		复杂系数	机械　电气		

交验部门主管　刘　源　　点交人　刘　明　　接管部门主管　黎昭坤　　接管人　张　萍

4. 11月19日，报废固定资产转入清理。

业务4 1/3

固 定 资 产 卡 片

类别：房屋

名　称	简易仓库	资产编号	7-10-104
型号（结构）	砖木石棉瓦	规格（m²）	20*30
制（建）造厂	苏州市建筑公司	出厂时间	
使用单位	一分厂	出厂编号	
资金来源	盈余公积	折旧年限	6年
列账凭证	转字988236	启用年月	2017年10月20日
附件或附属物		固定资产原价	120 000.00
		年折旧率	
调拨转移记录		预计净残值	4 800.00
报废清理记录		备　注	折旧方法：直线法
中间停用记录			

业务4 2/3

固定资产报废申请书

申报单位：苏州针织有限责任公司　　固定资产编号：7-10-104

名　称	简易仓库	出厂时间		出厂编号	
型号、规格	20*30砖木石棉瓦	投产时间	2017年10月	单　位	平方米
制造厂	苏州市建筑公司	使用单位	一分厂		
原值（元）	120 000.00	净值（元）	41 600.00		
已折旧（元）	78 400.00	残值（元）	4 800.00		

报废原因：

2021年11月5日，由于简易仓库线路超载短路，产生电弧高温，引起熔金击穿汽油桶，发生火灾。

报告人：赵　文

2021年11月5日

资产管理部门意见	同意报废 2021年11月6日	厂部意见	同意报废 2021年11月18日

业务4 $\frac{3}{3}$

苏州市公安局

火灾原因鉴定书

（市）公消监〔2021〕火字第682号

2021年11月5日，苏州针织有限责任公司600平方米“简易仓库”失火，经我方与该厂职工奋力扑救，终因火势过大导致仓库被毁。事后经勘查现场，发现供电线路有明显熔化块状和汽油桶穿孔痕迹，这些均与目击者提供情况及我方技术鉴定结果相吻合。因此，火灾原因系线路超载短路，产生电弧高温，引起熔金击穿汽油桶（系仓库清洁使用）所致。

特此鉴定

苏州市公安局（盖章）
2021年11月18日
第四消防中队

抄送：苏州市保险公司

5.11月20日，支付火灾仓库清理费。

业务5 $\frac{1}{2}$

ICBC 中国工商银行 转账支票(苏)

№ 02209236

本支票付款期限十天

出票日期(大写) 贰零贰壹年壹拾壹月零贰拾日　　付款行名称：工行新道支行

收款人：苏州市劳务服务公司　　出票人账号：430002183421

人民币（大写）	千	百	十	万	千	百	十	元	角	分
贰仟陆佰伍拾元整				¥	2	6	5	0	0	0

用途 付仓库清理费

上列款项请从 我账户内支付　　　密码 108298068898

出票人签章　苏州针织有限责任公司 财务专用章　李天志印

复核　　记账 刘国民　　验印

业务5 $\frac{2}{2}$

3200048030　　江苏增值税专用发票　　№ 012703301

发票联

开票日期：2021年11月20日

购买方	名称：苏州针织有限责任公司 纳税人识别号：91370982310042169A 地址、电话：苏州市内环路37号 88777654 开户行及账号：中国工商银行苏州市新道支行 430002183421				密码区	(略)		
货物或应税劳务、服务名称	规格型号	单位	数量	单价	金额	税率	税额	
仓库清理费		间	1	2 500.00	2 500.00	6%	150.00	
合计					¥2 500.00		¥150.00	
价税合计(大写)	⊗贰仟陆佰伍拾元整				（小写）¥2 650.00			
销售方	名称：苏州市劳务服务公司 纳税人识别号：911234567890123456 地址、电话：苏州市虎丘区1号 80123488 开户行及账号：中国工商银行苏州市新道支行 430003044533				备注	苏州市劳务服务公司 911234567890123456 发票专用章		

收款人：李天中　　复核：张兵　　开票人：黄倩　　销售方（章）

第三联：发票联 购买方记账凭证

6.11 月 21 日，收到保险公司赔款（收款通知略）。

业务 6

中国人民保险公司苏州市分公司

出险损失计算书

赔案编号	02120648	被保险人	苏州针织有限责任公司		
保险单号码	02010072	起运通知单号次			
批单号次		保品	房屋建筑物等资产		
保险金额	120 000.00	承保条件			
保险期限	自 2020 年 12 月 1 日起 至 2021 年 12 月 1 日止	运输工具名称及吨位		号次	
出险日期	2021 年 11 月 5 日 18 时 20 分	起讫地点	自 经 到		
出险地点	苏州针织有限责任公司一分厂简易仓库				

赔款原因：

根据有关法律规定及事故单位02010072号投保单、公安局火灾原因鉴定书等资料，理赔损失财产净额95%，其余由事故单位承担。

赔款计算：

损失财产原值 120 000 元，累计折旧 78 400 元，净值 41 600 元，减去应由事故单位负担的 5%即 2 080 元，应理赔金额 39 520 元。

本案责任			
保品损失	¥ 41 600.00	证明文件	（市）公消监〔2021〕火字第 682 号
第三者责任	¥ 2 080.00		
共计（大写）叁万玖仟伍佰贰拾元整	¥ 39 520.00		赔讫日期 2021 年 11 月 21 日

核定：张玉　　审核：刘北海　　编制：王东武

7.11 月 28 日，结转仓库清理净损益。

业务 7

固定资产处置清理损益计算单

2021 年 11 月 28 日

清理项目	简易仓库	清理原因	火灾毁损
固定资产清理借方发生额		固定资产清理贷方发生额	
清理支出内容	金额	清理收入内容	金额
固定资产净值	41 600.00	保险公司赔款	39 520.00
清理费用	2 500.00		
借方合计	44 100.00	贷方合计	39 520.00
固定资产清理净损失金额：人民币肆仟伍佰捌拾元整			¥ 4 580.00

财务主管：李一凡　　制单：王明　　复核：高玉柱

8.11月30日，计提本月折旧。

业务8

固定资产折旧计算表

2021年11月　　　　单位：元

使用单位和固定资产类别		上月计提折旧额	上月增加的固定资产应计提的折旧额	上月减少的固定资产应计提的折旧额	本月应计提折旧额
针织分厂	一分厂	4 502	160		4 662
	二分厂	3 938	1 000	648	4 290
	三分厂	5 441	1 260	701	6 000
	四分厂	5 549			5 549
	小　计	19 430	2 420	1 349	20 501
印染车间		2 781			2 781
机修车间		2 034			2 034
供气车间		1 622			1 622
厂部管理部门		5 553			5 553
合　计		31 420	2 420	1 349	32 491

主管：　　　　审核：　　　　制表：叶　苹

9.11月30日，核销盘亏固定资产。

业务9

便　函

苏州针织有限责任公司：

贵单位上月挂账盘亏C620车床1台，净值3 000元，经总公司办公会议研究，同意予以核销。

特此批复。

（印章：苏州市针织总公司）

2021年11月30日

10.11月30日，经董事会批准对固定资产计提减值准备。

业务10

苏州针织有限责任公司董事会决议（摘要）

2021年11月25日，公司召开第七届董事会。公司于2021年11月5日购入的价值200 000元的程控交换机，由于其生产产品不合格率较高，经技术专家及有关部门鉴定，董事会研究决定，按购价的20%计提固定资产减值准备。

（三）实训任务

根据提供的有关原始凭证，编制记账凭证。

（四）实训指引

1.实训形式：单人独立实训。

2.实训时间：本项实训约需30分钟。

3.实训用纸：收款凭证1张；付款凭证4张；转账凭证7张。

实训四　金融资产与长期股权投资核算实训

（一）实训目的

了解金融资产与长期股权投资核算的程序，掌握金融资产的计价方法和账务处理。

（二）实训资料

兴业高科股份公司有关投资业务的核算资料如下：

1.2021年6月1日，该企业有关总账和明细账的月初余额（金额单位：元）如下：

总账账户	明细账户	借或贷	月初余额	备　注
交易性金融资产	齐鲁石化股票	借	50 400	3 000股
长期股权投资	南山实业	借	20 000 000	1 000万股，占55%，控股
债权投资	国库券（面值）	借	100 000	100份
	应计利息	借	3 000	计提至2020年年末
长期股权投资减值准备	南山实业	贷	100 000	

2.该企业2021年6月至12月发生的有关投资业务如下：

（1）6月5日，向证券交易所划出资金。

业务1 $\frac{1}{2}$

ICBC 中国工商银行进账单（受理证明）　2

2021年6月5日　　　　第　号

收款人全称	兴业高科股份公司（投资部专户）	账号	2403166818—2876
		开户行	工行证券部
人民币（大写）	贰拾万元整	千百十万千百十元角分	¥20000000

付款人	全称或账号	开户行	票据种类	金额（十万千百十元角分）	全称或账号	开户行	票据种类	金额（十万千百十元角分）
	兴业高科股份公司	工行泰山市营业部	转支	2 0 0 0 0 0 0 0				

中国工商银行泰山市营业部 2021.06.05 票据交换专用章

收款人开户行盖章

单位主管　丁力　　会计　张明文　　复核　张玲　　记账　李梅

业务 1 2/2

中国工商银行
转账支票存根（鲁）
№00297386

附加信息

出票日期 2021 年 6 月 5 日

收款人：	本公司投资户
金　额：	¥200 000.00
用　途：	投资款

单位主管　丁力　　会计　张明文

（2）6 月 10 日，购入股票作为交易性金融资产。

业务 2

成交过户交割凭单　（买）　②通知联

6/10/2021

股东编号：	A129626400	成交证券：	新潮实业
电脑编号：	548167	成交数量：	5 000（股）
公司代号：	975	成交价格：	20.00
申请编号：	888	成交金额：	100 000.00
申报时间：	13:16:42	标准佣金：	100.00
成交时间：	13:17:10	过户费用：	5.00
上次余额：	0（股）	印花税：	0
本次成交：	5 000（股）	应付金额：	100 105.00
本次余额：	5 000（股）	附加费用：	0
本次库存：	5 000（股）	实付金额：	100 105.00

泰山证券交易所

经办单位　（略）　　客户签章　赵平

（3）6 月 20 日，售出交易性股票投资。

业务 3

成交过户交割凭单　（卖）　②通知联

6/20/2021

股东编号：	A129626400	成交证券：	新潮实业
电脑编号：	548167	成交数量：	4 000（股）
公司代号：	975	成交价格：	28.86
申请编号：	666	成交金额：	115 440.00
申报时间：	09:24:28	标准佣金：	115.44
成交时间：	09:50:10	过户费用：	4.00
上次余额：	5 000（股）	印花税：	115.44
本次成交：	4 000（股）	应收金额：	115 205.12
本次余额：	1 000（股）	附加费用：	0
本次库存：	1 000（股）	实收金额：	115 205.12

泰山证券交易所

经办单位　（略）　　客户签章　赵平

（4）6月26日，售出交易性股票投资。

业务4

6/26/2021	成交过户交割凭单		卖
股东编号：	A129626400	成交证券：	齐鲁石化
电脑编号：	548167	成交数量：	2 000（股）
公司代号：	975	成交价格：	16.00
申请编号：	1016	成交金额：	32 000.00
申报时间：	10:38:18	标准佣金：	32.00
成交时间：	10:58:08	过户费用：	2.00
上次余额：	3 000（股）	印花税：	32.00
本次成交：	2 000（股）	应收金额：	31 934.00
本次余额：	1 000（股）	附加费用：	0
本次库存：	1 000（股）	实收金额：	31 934.00

②通知联

泰山证券交易所

经办单位（略）　　　客户签章 赵平

（5）6月30日，按期末公允价值对交易性金融资产计价。

业务5

公允价值变动损益计算表

年　月　日　　　金额单位：元

投资项目	持有股（份）数	单位市价	账面成本	市价总额	公允价值变动损益
新潮实业股票		19.80			
齐鲁石化股票		17.00			
合　计					

（6）6月30日，计提长期股权投资减值准备。

业务6

长期股权投资减值准备计算表

年　月　日　　　金额单位：元

投资项目	持有股（份）数	账面价值	预计可收回金额	“长期股权投资减值准备”账户已有余额	应提减值准备
股票投资（南山实业）			19 500 000		
合　计					

（7）7月1日，购入股票作为长期股权投资。

业务7

成交过户交割凭单 买

7/1/2021			
股东编号：	A129626400	成交证券：	九江化纤
电脑编号：	548167	成交数量：	500 000（股）
公司代号：	975	成交价格：	9.00
申请编号：	958	成交金额：	4 500 000.00
申报时间：	09:29:15	标准佣金：	4 500.00
成交时间：	09:50:30	过户费用：	500.00
上次余额：	0（股）	印花税：	0
本次成交：	500 000（股）	应付金额：	4 505 000.00
本次余额：	500 000（股）	附加费用：	0
本次库存：	500 000（股）	实付金额：	4 505 000.00

②通知联

（泰山证券交易所 印章）

经办单位（略）　　客户签章 赵平

注：购入股票占九江化纤股份有限公司全部股份的40%。根据九江化纤股份有限公司中期财务报告，中期期末所有者权益总额为750万元（与公允价值一致），其中上半年实现的净利润为50万元。

（8）10月16日，购入股票作为交易性金融资产。

业务8

成交过户交割凭单 买

10/16/2021			
股东编号：	A129626400	成交证券：	齐鲁石化
电脑编号：	548167	成交数量：	4 000（股）
公司代号：	975	成交价格：	15.00
申请编号：	1216	成交金额：	60 000.00
申报时间：	09:38:18	标准佣金：	60.00
成交时间：	09:58:08	过户费用：	4.00
上次余额：	1 000（股）	印花税：	0
本次成交：	4 000（股）	应付金额：	60 064.00
本次余额：	5 000（股）	附加费用：	0
本次库存：	5 000（股）	实付金额：	60 064.00

②通知联

（泰山证券交易所 印章）

经办单位（略）　　客户签章 赵平

（9）12月31日，有关公司报告当年实现的净损益。

业务9

净损益

公司名称	2021年实现的净损益(元)
南山实业	−512 000
九江化纤	1 200 000

（10）12月31日，计提本年国库券利息收入。

业务10

长期债券投资利息收益计算表

2021年12月31日　　金额单位：元

债券名称	票面要素						购买日期	购买份数	购买成本	折(溢)价	本期摊销折溢价	投资损益	其他
	发行日期	到期日期	票面价值	利率	偿还方式	其他							
国库券	2020年7月1日	2023年7月1日	1 000	6%	到期还本付息		2020年7月1日	100	100 000				

主管：丁力　　审核：刘文　　制单：张明明

（11）12月31日，按期末公允价值对交易性金融资产计价。

业务11

公允价值变动损益计算表

年　　月　　日　　　　　　　　金额单位：元

投资项目	持有股（份）数	单位市价	账面价值	市价总额	公允价值变动损益
新潮实业股票		20.00			
齐鲁石化股票		15.00			
合　计					

（12）12月31日，计提长期股权投资减值准备。

业务12

长期股权投资减值准备计算表

年　　月　　日　　　　　　　　金额单位：元

投资项目	持有股（份）数	账面价值	预计可收回金额	“长期股权投资减值准备”账户已有余额	期末计提减值准备
股票投资（南山实业）			20 000 000		
股票投资（九江化纤）			4 900 000		
合　计					

（三）实训任务

1. 根据资料1开设“交易性金融资产”“长期股权投资”“债权投资”“长期股权投资减值准备”总账及其明细账，登记月初余额。

2. 根据资料2提供的经济业务编制记账凭证，并据以登记所开设的有关总账和明细账。

3. 计算中期期末和年末公允价值变动损益和长期股权投资减值准备，编制相应的计算表。

4. 将所开设的总账和明细账进行结账，并对账。

（四）实训指引

1. 实训形式：单人独立实训。

2. 实训时间：本项实训约需60分钟。

3. 实训用纸：收款凭证2张；付款凭证4张；转账凭证8张；总账账页4张；明细账账页10张；凭证封面1张（见附录牛皮纸）。

思政视频

会计侵吞公司资产

总账

第　　　　页

年		凭证		摘要	对方科目	日页	借方金额													贷方金额													借或贷	余额												
月	日	种类	号数				百	十	亿	千	百	十	万	千	百	十	元	角	分	百	十	亿	千	百	十	万	千	百	十	元	角	分		百	十	亿	千	百	十	万	千	百	十	元	角	分

总账

第　　　　页

年		凭证		摘要	对方科目	日页	借方金额													贷方金额													借或贷	余额												
月	日	种类	号数				百	十	亿	千	百	十	万	千	百	十	元	角	分	百	十	亿	千	百	十	万	千	百	十	元	角	分		百	十	亿	千	百	十	万	千	百	十	元	角	分

总账

第　　页

年		凭证		摘要	对方科目	日页	借方金额													贷方金额													借或贷	余额												
月	日	种类	号数				百	十	亿	千	百	十	万	千	百	十	元	角	分	百	十	亿	千	百	十	万	千	百	十	元	角	分		百	十	亿	千	百	十	万	千	百	十	元	角	分

总账

第　　页

年		凭证		摘要	对方科目	日页	借方金额													贷方金额													借或贷	余额												
月	日	种类	号数				百	十	亿	千	百	十	万	千	百	十	元	角	分	百	十	亿	千	百	十	万	千	百	十	元	角	分		百	十	亿	千	百	十	万	千	百	十	元	角	分

总第　　　　页　分第　　　　页

明细账

级科目编号及名称

年		凭证		摘要	对方科目	日页	借方金额											√	贷方金额											√	借或贷	余额											√
月	日	种类	号数				亿	千	百	十	万	千	百	十	元	角	分		亿	千	百	十	万	千	百	十	元	角	分			亿	千	百	十	万	千	百	十	元	角	分	

总第　　　　页　分第　　　　页

明细账

级科目编号及名称

年		凭证		摘要	对方科目	日页	借方金额											√	贷方金额											√	借或贷	余额											√
月	日	种类	号数				亿	千	百	十	万	千	百	十	元	角	分		亿	千	百	十	万	千	百	十	元	角	分			亿	千	百	十	万	千	百	十	元	角	分	

总第　　　　页　分第　　　　页

明细账

级科目编号及名称

年		凭证		摘要	对方科目	日页	借方金额											√	贷方金额											√	借或贷	余额											√
月	日	种类	号数				亿	千	百	十	万	千	百	十	元	角	分		亿	千	百	十	万	千	百	十	元	角	分			亿	千	百	十	万	千	百	十	元	角	分	

总第　　　　页　分第　　　　页

明细账

级科目编号及名称

年		凭证		摘要	对方科目	日页	借方金额											√	贷方金额											√	借或贷	余额											√
月	日	种类	号数				亿	千	百	十	万	千	百	十	元	角	分		亿	千	百	十	万	千	百	十	元	角	分			亿	千	百	十	万	千	百	十	元	角	分	

总第 页 分第 页

明细账

级科目编号及名称

年		凭证		摘要	对方科目	日	借方金额											√	贷方金额											√	借或贷	余额											√
月	日	种类	号数			页	亿	千	百	十	万	千	百	十	元	角	分		亿	千	百	十	万	千	百	十	元	角	分			亿	千	百	十	万	千	百	十	元	角	分	

总第 页 分第 页

明细账

级科目编号及名称

年		凭证		摘要	对方科目	日	借方金额											√	贷方金额											√	借或贷	余额											√
月	日	种类	号数			页	亿	千	百	十	万	千	百	十	元	角	分		亿	千	百	十	万	千	百	十	元	角	分			亿	千	百	十	万	千	百	十	元	角	分	

总第　　　　页　分第　　　　页

明细账

级科目编号及名称

年		凭证		摘要	对方科目	日页	借方金额											√	贷方金额											√	借或贷	余额											√
月	日	种类	号数				亿	千	百	十	万	千	百	十	元	角	分		亿	千	百	十	万	千	百	十	元	角	分			亿	千	百	十	万	千	百	十	元	角	分	

总第　　　　页　分第　　　　页

明细账

级科目编号及名称

年		凭证		摘要	对方科目	日页	借方金额											√	贷方金额											√	借或贷	余额											√
月	日	种类	号数				亿	千	百	十	万	千	百	十	元	角	分		亿	千	百	十	万	千	百	十	元	角	分			亿	千	百	十	万	千	百	十	元	角	分	

总第　　　　页　分第　　　　页

明细账

级科目编号及名称

年		凭证		摘要	对方科目	日页	借方金额											√	贷方金额											√	借或贷	余额											√
月	日	种类	号数				亿	千	百	十	万	千	百	十	元	角	分		亿	千	百	十	万	千	百	十	元	角	分			亿	千	百	十	万	千	百	十	元	角	分	

总第　　　　页　分第　　　　页

明细账

级科目编号及名称

年		凭证		摘要	对方科目	日页	借方金额											√	贷方金额											√	借或贷	余额											√
月	日	种类	号数				亿	千	百	十	万	千	百	十	元	角	分		亿	千	百	十	万	千	百	十	元	角	分			亿	千	百	十	万	千	百	十	元	角	分	

总第　　　页　分第　　　页

明细账

级科目编号及名称

年		凭证		摘要	对方科目	日页	借方金额											√	贷方金额											√	借或贷	余额											√
月	日	种类	号数				亿	千	百	十	万	千	百	十	元	角	分		亿	千	百	十	万	千	百	十	元	角	分			亿	千	百	十	万	千	百	十	元	角	分	

总第　　　页　分第　　　页

明细账

级科目编号及名称

年		凭证		摘要	对方科目	日页	借方金额											√	贷方金额											√	借或贷	余额											√
月	日	种类	号数				亿	千	百	十	万	千	百	十	元	角	分		亿	千	百	十	万	千	百	十	元	角	分			亿	千	百	十	万	千	百	十	元	角	分	

实训五　负债核算实训

（一）实训目的

了解借款及发行债券办理的凭证手续；掌握借款与债券的取得、计息、偿还等业务的账务处理方法。

（二）实训资料

1.钱江发动机厂2021年1月初短期借款月初余额资料如下：

"短期借款"总账月初贷方余额400 000元。该项借款为生产周转借款，贷款银行为中国工商银行滨江市宾西支行，存款账号27104001242，贷款账号131，借款日期为2020年7月31日，借款期为6个月，月利率2.4‰，每3个月结付一次利息，利息按月计提。

2.2021年发生部分经济业务如下：

（1）1月1日，借入短期借款。

业务1 $\frac{1}{2}$

中国工商银行短期借款合同

中国工商银行滨江市宾西支行（以下简称贷款方）

钱江发动机厂（以下简称借款方）

东安机械厂（以下简称保证方）

为明确责任，恪守合同，特签订本合同，共同信守。

一、贷款种类：工业企业短期借款

二、借款金额：人民币伍拾万元整

三、借款用途：进口原材料

四、借款利率：月息2‰，按季收息，利随本清。如遇国家调整利率，按调整后的规定利率计算。

五、借款期限：借款时间自2021年1月1日至2021年8月31日止。

六、还款资金来源：营业收入

七、还款方式：转账

八、保证条款：借款方请东安机械厂作为自己的借款保证方。经贷款方审查，证实保证方具有担保资格和足够代偿借款的能力。保证方有权检查和督促借款方履行合同。当借款方不履行合同时，由保证方连带承担偿还借款本息的责任。必要时，贷款方可以从保证方的存款账户内扣收贷款本息。

九、违约责任：（略）

合同的附件：（略）

本合同经各方签字后生效，贷款本息全部清偿后自动失效。

本合同正本一式三份，贷款方、借款方、保证方各执一份；合同副本___/___份，报送___/___有关单位各留存一份。

贷款方（公章）

法定代表人（盖章）刘军印

2021年1月1日

借款方（公章）

法定代表人（盖章）谢荣印

2021年1月1日

保证方（公章）

法定代表人（盖章）赵永印

2021年1月1日

借款方开户银行：中国工商银行滨江市宾西支行

账号：27104001242

业务$1\frac{2}{2}$

ICBC 中国工商银行借款借据（收账通知） ⑤

借款企业名称：钱江发动机厂　　2021年1月1日

贷款种类	短期借款	贷款账号	131	存款账号	工行宾西支行 27104001242
借款金额	人民币（大写）伍拾万元整				亿千百十万千百十元角分：¥50000000
借款用途：进口原材料					
约定还款期：	期限8个月		于2021年8月31日到期		
上列借款已批准发放，转入你单位存款账户。此致 （银行签章）			单位分录：（借）（贷） 主管 会计 复核 记账 2021年1月1日		

此联转账后退还借款单位

中国工商银行滨江市宾西支行 2021.01.01 转讫 (1)

（2）1月1日，向中国建设银行借款120万元，并于3月1日用于新车间基本建设。企业按年计息。

业务$2\frac{1}{3}$

核定贷款指标通知

2021年度

贷款种类：代理开发银行基建借款　　贷款级别：中央　　第12号

贷款单位：钱江发动机厂　　主管部门：航天部

贷款经办行：中国建设银行天顶支行　　核定指标行：中国建设银行山东省分行

本次核定指标	亿千百十万千百十元角分	累计核定指标	亿千百十万千百十元角分
	¥120000000		¥120000000
说明	根据××××年×月×日×号文件核定。	签发行盖章：复核：记账：	

行长：张侠　　业务主管：孙晓东　　经办人：贺芸

业务2 $\frac{2}{3}$

中国建设银行借款合同

立合同单位：

借款单位（简称甲方）钱江发动机厂

贷款银行（简称乙方）中国建设银行天顶支行

借款保证单位（简称保证方）天祥物业股份有限公司

甲方为固定资产建设和发展的需要，依据中国建设银行山东省分行下达的贷款指标，特向乙方申请借款，经乙方审查同意发放。为明确双方责任，恪守信用，特签订本合同，共同遵守。

一、甲方向乙方借款人民币（大写）壹佰贰拾万元，规定用于新车间的基本建设。

二、借款期约定为三年零个月，即从2021年1月1日至2023年12月31日。乙方保证按设计计划和信贷计划，在下达的贷款指标额度内贷出资金。甲方保证按规定的借款用途用款。

三、贷款利息自支用贷款之日起，以实际贷款数按年息5%计算，到期偿还本息。

四、甲方保证按还款计划归还贷款本金。甲方如不能按期偿还，乙方有权从甲方的存款户中扣收。

五、保证条款：甲方请天祥物业股份有限公司作为自己的借款保证方。经乙方审查，证实保证方具有担保资格和足够代偿借款的能力。保证方有权检查和督促甲方履行合同。当甲方不履行合同时，由保证方连带承担偿还借款本息的责任。必要时，乙方可以从保证方的存款账户内扣收贷款本息。

六、违约责任：（略）

合同的附件：借款申请书，担保协议书

双方商定的其他条件：（略）

本合同[…]之日起生效，贷款本息全部[…]后失效。

本合同正本三份，甲方、乙方、保证方各执一份，副本 / 份，送乙方财会部门和有关部门。

借款单位（公章）　　贷款单位（公章）　　担保单位（公章）

法定代表人（签字）谢荣　　法定代表人（签字）张云高　　法定代表人（签字）汤和平

2021年1月1日　　2021年1月1日　　2021年1月1日

借款方开户银行：中国工商银行滨江市宾西支行

账号：27104001242

业务2 $\frac{3}{3}$

中国建设银行借款借据（收账通知）⑤

借款企业名称：钱江发动机厂　　2021年1月1日

贷款种类	基建贷款	贷款账号	131	存款账号	工行宾西支行 27104001242
借款金额	人民币（大写）壹佰贰拾万元整				亿 千 百 十 万 千 百 十 元 角 分 ¥ 1 2 0 0 0 0 0 0 0
借款用途：新建车间贷款					
约定还款期：	期限3年		于2023年12月31日到期		
上列借款已批准发放，转入你单位存款账户。 此致 （银行签章）			单位分录： （借） （贷） 主管　会计　复核　记账 2021年1月1日		

此联转账后退还借款单位

（3）1月31日，计提本月短期借款利息。

业务3

应付利息计算表

年　月　日

贷款银行	借款种类	累计积数	月利率	利息额

审核：　　　　　　　　　　　　　　制单：

注：累计积数即借款余额之和。

（4）1月31日，支付短期生产周转借款利息。

业务4

ICBC 中国工商银行 计收利息清单（支款通知） ③

2021年1月31日

户名	钱江发动机厂				账号	27104001242
计息起止时间	2020年11月1日至2021年1月31日				左列贷款利息业已从你单位账户扣付	
贷款种类	贷款账号	计息日贷款余额	计息积数	月利率	计收利息金额	
	131	400 000.00	400 000.00	2.4‰	2 880.00	
利息金额人民币（大写）	贰仟捌佰捌拾元整				¥288000（百十万千百十元角分）	（银行签章）

中国工商银行滨江市宾西支行 2021.01.31 转讫 (1)

单位主管　　会计 赵青　　复核 李伟　　记账 张生

（5）1月31日，签发转账支票偿还2020年借入的生产周转借款本金。

业务5

中国工商银行 转账支票存根（鲁）

№00004189

附加信息

出票日期 2021年1月31日

收款人：工行滨江市宾西支行

金　额：¥400 000.00

用　途：工行偿还借款

单位主管　　会计

ICBC 中国工商银行　转账支票（鲁）

№ 00004189

本支票付款期限十天

出票日期 贰零贰壹年零壹月叁拾壹日　　付款行名称：工行滨江市宾西支行

收款人：　　出票人账号：27104001242

人民币（大写）肆拾万元整　　¥40000000（千百十万千百十元角分）

用途 偿还借款

上列款项请从我账户内支付

出票人签章　　谢荣印

密码 198298738898

钱江发动机厂 财务专用章

复核　记账　验印

（6）2月份，为建造固定资产，经中国人民银行天顶支行批准，委托中国建设银行天顶支行证券部代理发行企业融资债券。

业务6

代理发行企业债券协议书

发行债券单位：钱江发动机厂（甲方）

代理发行债券单位：中国建设银行天顶支行证券部（乙方）

为建造固定资产，经中国人民银行天顶支行批准，发行企业债券1 000万元，期限3年，年利率4.8%，委托乙方采用代销方式代理发行。为明确责任，经双方协商，达成如下协议：

一、甲方为企业债券的债务人，承担债券的全部风险和经济、法律责任，债券的设计、印刷、广告宣传费用由甲方负责，乙方协助办理。

二、乙方为甲方债券发行的代理人，负责债券的保管、发行、兑付、销毁工作，但不承担债券到期不能按时兑付本息的经济责任和法律责任。

三、在债券发行完毕后5日内，乙方将全部所销债券资金划到甲方账户上。

四、债券到期7日前，甲方将全部债券本息划到乙方账户。甲方的发行担保单位是滨江第一汽车电器工业（集团）公司。债券到期甲方不能如期还本付息时，担保方必须向乙方提供全部资金，确保债券按期还本付息。债券到期由乙方一次兑付本金和利息。

五、发行债券筹集的资金，甲方只能按中国人民银行批准的项目用于生产性固定资产的购建，不得挪作他用。

六、本协议一式五份，甲、乙双方各执一份，担保方一份，报送中国人民银行两份，协议自中国人民银行批准后生效。

七、甲方应将申请发行企业债券的全套资料各一份，作为协议的附件报送乙方。

发行债券单位（甲方）印章	代理发行单位（乙方）印章	发行担保单位印章
法定代表人（盖章） 谢荣印	法定代表人（盖章） 张宝云印	法定代表人（盖章） 钟乾惠印
2021年2月5日	2021年2月5日	2021年2月5日

开户行：中国工商银行滨江市宾西支行　　开户行：中国建设银行天顶支行

账号：27104001242　　账号：6748—243

（7）3月1日，建行天顶支行转来债券款。假定不考虑发行费用。

业务7

中国建设银行特种转账传票贷方凭证

2021年3月1日　　凭证编号0134

付款人	全称	中国建设银行天顶支行	收款人	全称	钱江发动机厂	
	账号或地址	6748—243		账号或地址	27104001242	
	开户银行	本行　行号		开户银行	工行宾西支行	行号
金额		人民币（大写）壹仟万元整		亿千百十万千百十元角分	¥ 1 0 0 0 0 0 0 0 0 0	
原凭证金额		赔偿金		科目（贷）：____		
原凭证名称		号码		对方科目（借）：____		
转账原因	债券款	银行盖章		事后监督　复核 孙晓东　记账		

代借方凭证或支款通知　附件　张

中国建设银行天顶支行 2021.03.01 转讫

（8）3月31日，支付工商银行短期借款利息。

业务8

ICBC 中国工商银行计收利息清单（支款通知） ③

2021年3月31日

户名	钱江发动机厂				账号	27104001242
计息起止时间	2021年1月1日至2021年3月31日				左列贷款利息业已从你单位账户扣付	
贷款种类	贷款账号	计息日贷款余额	计息积数	月利率	计收利息金额	
	131	500 000.00	500 000.00	2‰	3 000.00	
利息金额	人民币（大写）叁仟元整				¥3 000.00	

中国工商银行滨江市宾西支行 2021.03.31 转讫 (1)（银行签章）

单位主管　　会计 赵青　　复核 李伟　　记账 张生

（9）12月31日，计提本年度应付债券利息。

业务9

应付债券利息费用计算表

年　月　日

债券名称	面值总额	月利率	月数	应计利息	应摊债券溢价	应摊债券折价	实际利息费用		备注
							资本化金额	费用化金额	
固定资产购置债券									2021年7月1日发生资本支出600万元，固定资产建设期（全部投入建设）从3月1日起计息

审核：　　　　制表：

（10）12月31日，计提新车间基本建设借款利息（2021年4月1日起开始资本化）。

业务10

应付利息计算表

年　月　日

贷款银行	借款种类	累计积数	年利率	利息费用	
				资本化利息	费用化利息

（11）12月31日，计算本月应付工资125万元，其中：生产部门直接生产人员工资50万元；生产部门管理人员工资20万元；管理部门人员工资30万元；专设产品销售机构人员工资15万元；建造厂房人员工资10万元。根据所在地政府规定，分别按照职工工资总额的10%、12%、2%、10.5%计提医疗保险费、养老保险费、失业保险费、住房公积金；分别按照职工工资总额的2%和8%计提工会经费和职工教育经费。编制应付职工薪酬分配表。

业务11

应付职工薪酬分配表

年　　月

会计科目	工资	计提的费用项目						合计
		医疗保险费	养老保险费	失业保险费	住房公积金	工会经费	职工教育经费	
生产成本								
制造费用								
管理费用								
销售费用								
在建工程								
合计								

（三）实训任务

1. 根据资料1开设“短期借款”“长期借款”“应付债券”总账及明细账。
2. 根据资料2完成有关表格的计算和有关原始凭证的填制，并编制记账凭证。

（四）实训指引

1. 实训形式：本实训为单人独立完成。
2. 实训时间：本项实训约需100分钟。
3. 实训用纸：收款凭证3张；付款凭证3张；转账凭证7张；总分类账账页3张；三栏式明细账账页6张。

总账

第　　　　页

年		凭证		摘要	对方科目	日	借方金额													贷方金额													借或贷	余额												
月	日	种类	号数			页	百	十	亿	千	百	十	万	千	百	十	元	角	分	百	十	亿	千	百	十	万	千	百	十	元	角	分		百	十	亿	千	百	十	万	千	百	十	元	角	分

总账

第　　　　页

年		凭证		摘要	对方科目	日	借方金额													贷方金额													借或贷	余额												
月	日	种类	号数			页	百	十	亿	千	百	十	万	千	百	十	元	角	分	百	十	亿	千	百	十	万	千	百	十	元	角	分		百	十	亿	千	百	十	万	千	百	十	元	角	分

总账

第　　　页

年		凭证		摘要	对方科目	日页	借方金额													贷方金额													借或贷	余额												
月	日	种类	号数				百	十	亿	千	百	十	万	千	百	十	元	角	分	百	十	亿	千	百	十	万	千	百	十	元	角	分		百	十	亿	千	百	十	万	千	百	十	元	角	分

总账

第　　　页

年		凭证		摘要	对方科目	日页	借方金额													贷方金额													借或贷	余额												
月	日	种类	号数				百	十	亿	千	百	十	万	千	百	十	元	角	分	百	十	亿	千	百	十	万	千	百	十	元	角	分		百	十	亿	千	百	十	万	千	百	十	元	角	分

总第＿＿＿＿页　分第＿＿＿＿页

明细账

＿＿级科目编号及名称＿＿＿＿＿＿

年		凭证		摘要	对方科目	日	借方金额											√	贷方金额											√	借或贷	余额											√
月	日	种类	号数			页	亿	千	百	十	万	千	百	十	元	角	分		亿	千	百	十	万	千	百	十	元	角	分			亿	千	百	十	万	千	百	十	元	角	分	

总第＿＿＿＿页　分第＿＿＿＿页

明细账

＿＿级科目编号及名称＿＿＿＿＿＿

年		凭证		摘要	对方科目	日	借方金额											√	贷方金额											√	借或贷	余额											√
月	日	种类	号数			页	亿	千	百	十	万	千	百	十	元	角	分		亿	千	百	十	万	千	百	十	元	角	分			亿	千	百	十	万	千	百	十	元	角	分	

总第　　　　页　分第　　　　页

明细账

级科目编号及名称

年		凭证		摘要	对方科目	日	借方金额											√	贷方金额											√	借或贷	余额											√
月	日	种类	号数			页	亿	千	百	十	万	千	百	十	元	角	分		亿	千	百	十	万	千	百	十	元	角	分			亿	千	百	十	万	千	百	十	元	角	分	

总第　　　　页　分第　　　　页

明细账

级科目编号及名称

年		凭证		摘要	对方科目	日	借方金额											√	贷方金额											√	借或贷	余额											√
月	日	种类	号数			页	亿	千	百	十	万	千	百	十	元	角	分		亿	千	百	十	万	千	百	十	元	角	分			亿	千	百	十	万	千	百	十	元	角	分	

总第　　　页　分第　　　页

明细账

级科目编号及名称

年		凭证		摘要	对方科目	日页	借方金额											√	贷方金额											√	借或贷	余额											√
月	日	种类	号数				亿	千	百	十	万	千	百	十	元	角	分		亿	千	百	十	万	千	百	十	元	角	分			亿	千	百	十	万	千	百	十	元	角	分	

总第　　　页　分第　　　页

明细账

级科目编号及名称

年		凭证		摘要	对方科目	日页	借方金额											√	贷方金额											√	借或贷	余额											√
月	日	种类	号数				亿	千	百	十	万	千	百	十	元	角	分		亿	千	百	十	万	千	百	十	元	角	分			亿	千	百	十	万	千	百	十	元	角	分	

总第＿＿＿＿页　分第＿＿＿＿页

明细账

级科目编号及名称＿＿＿＿＿＿

年		凭证		摘要	对方科目	日页	借方金额											√	贷方金额											√	借或贷	余额											√
月	日	种类	号数				亿	千	百	十	万	千	百	十	元	角	分		亿	千	百	十	万	千	百	十	元	角	分			亿	千	百	十	万	千	百	十	元	角	分	

总第＿＿＿＿页　分第＿＿＿＿页

明细账

级科目编号及名称＿＿＿＿＿＿

年		凭证		摘要	对方科目	日页	借方金额											√	贷方金额											√	借或贷	余额											√
月	日	种类	号数				亿	千	百	十	万	千	百	十	元	角	分		亿	千	百	十	万	千	百	十	元	角	分			亿	千	百	十	万	千	百	十	元	角	分	

实训六　所有者权益核算实训

（一）实训目的

了解所有者权益的取得或形成以及减少的凭证手续，掌握其账务处理方法。

（二）实训资料

1.长江机械厂为发起设立式有限责任公司（增值税一般纳税人）。2021年年末“实收资本”账户贷方余额为45 000 000元，“资本公积”账户贷方余额为3 000 000元，“盈余公积”账户贷方余额为3 450 000元。

2.长江机械厂2021年12月份经申请，被批准（批准文号：2021注字048号）新增注册资本5 000 000元。2022年1月份发生的部分经济业务如下（增值税进项税额当月已认证）：

（1）1月10日，接受东星电机厂的投资，增加注册资本。

业务1 1/6

投资协议书（摘录）

投出单位：东星电机厂

投入单位：长江机械厂

……

第三，东星电机厂向长江机械厂投资6 650 000元，其中，固定资产5 650 000元（含增值税，税率13%），货币资金1 000 000元。

第四，东星电机厂投资后占长江机械厂新注册资本10%的份额。

第五，东星电机厂在2022年1月31日前向长江机械厂出资。

……

业务1 2/6

ICBC 中国工商银行进账单（收账通知）　3

2022年1月10日　　第0456号

收款人	全称	长江机械厂	付款人	全称	东星电机厂
	账号	32400872201		账号	44320030413
	开户银行	工行司门路办事处		开户银行	工行黄兴路办事处
金额	人民币（大写）壹佰万元整			千百十万千百十元角分	￥100000000
票据种类	转支	票据张数	1		
票据号码	略				
复核　记账				收款人开户行盖章	

此联是收款人开户银行交给收款人的收账通知

（印章：中国工商银行司门路办事处 2022.01.10 转讫）

业务 1$\frac{3}{6}$

湘江增值税电子普通发票

机器编号：499098306664

发票代码：043032115013
发票号码：00274562
开票日期：2022年1月10日
校 验 码：略

购买方	名　　称：长江机械厂 纳税人识别号：91007811200031547A 地 址 、电 话：滨江市司门路1号　67705093 开户行及账号：工行司门路办事处 32400872201				密码区	（略）		
项目名称	规格型号	单位	数量	单　价	金　额	税率	税　额	
股权投资					1 000 000.00	—	—	
合　计					¥1 000 000.00		—	
价税合计(大写)	⊗壹佰万元整				(小写)¥1 000 000.00			
销售方	名　　称：东星电机厂 纳税人识别号：91460024786500111A 地 址 、电 话：湘江市黄兴路30号　51124728 开户行及账号：工行黄兴路办事处 44320030413				备注			

收款人：王丽　　复核：李红　　开票人：王芳

业务 1$\frac{4}{6}$

固定资产转移单

投出单位：东星电机厂
投入单位：长江机械厂　　2022年1月10日　　金额单位：万元

转移原因或依据			股权投资					
固定资产名称	计量单位	数量	预计使用年限	尚可使用年限	原始价值	已提折旧	账面净值	双方确认价值
发电机组（300千瓦）	台	1	10	8	350	70	280	339（含税）
剪材机（KQ11—20×25）	台	1	7	4.5	300	100	200	226（含税）
投出单位	（公章）		投入单位			（公章）		
财务：丁立 经办：李平			财务：江雨 经办：赵宏					

业务 1$\frac{5}{6}$

固定资产验收单

金额单位：万元

2022年1月10日　　编号：001

固定资产名称	规格及型号	单位	数量	预计使用年限	尚可使用年限	投出单位账面价值			双方确认价值	备　注
						原值	已提折旧	净值		
发电机组	300千瓦	台	1	10	8	350	70	280	339（含税）	不需安装
剪材机	KQ11—20×25	台	1	7	4.5	300	100	200	226（含税）	不需安装
投资人	东星电机厂									

第三联　财会记账

设备科：　　负责人：刘长君　　经办人：赵　宏

业务$1\frac{6}{6}$

湘江增值税电子专用发票

（印章：全国统一发票监制章 国家税务总局 湘江市税务局）

机器编号：499098306664

发票代码：043032115013
发票号码：00978078
开票日期：2022年1月10日
校验码：略

购买方	名称：长江机械厂 纳税人识别号：91007811200031547A 地址、电话：滨江市司门路1号　67705093 开户行及账号：工行司门路办事处32400872201			密码区	（略）		
项目名称	规格型号	单位	数量	单价	金额	税率	税额
发电机组	300千瓦	台	1	3 000 000.00	3 000 000.00	13%	390 000.00
剪材机	KQ11−20×25	台	1	2 000 000.00	2 000 000.00	13%	260 000.00
合计					¥5 000 000.00		¥650 000.00
价税合计(大写)	⊗伍佰陆拾伍万元整				（小写）¥5 650 000.00		
销售方	名称：东星电机厂 纳税人识别号：91460024786500111A 地址、电话：湘江市黄兴路30号　51124728 开户行及账号：工行黄兴路办事处44320030413			备注			

收款人：王丽　　复核：李红　　开票人：王芳

（2）1月20日，接受上海汽车制造厂的捐赠。

业务$2\frac{1}{2}$

上海增值税专用发票

（印章：全国统一发票监制章 国家税务总局监制 上海）

3100091140　　№ 00978088

开票日期：2022年1月20日

购买方	名称：长江机械厂 纳税人识别号：91007811200031547A 地址、电话：滨江市司门路1号 67705093 开户行及账号：工行司门路办事处32400872201			密码区	(略)		
货物或应税劳务、服务名称	规格型号	单位	数量	单价	金额	税率	税额
东风货车		辆	2	50 000.00	100 000.00	13%	13 000.00
合计					¥100 000.00		¥13 000.00
价税合计(大写)	⊗壹拾壹万叁仟元整				（小写）¥113 000.00		
销售方	名称：上海汽车制造厂 纳税人识别号：91370326542842115M 地址、电话：上海市大同路20号 7889566 开户行及账号：工行大同路办事处445203003413			备注	（印章：上海汽车制造厂 91370326542842115M 发票专用章）		

第三联：发票联　购买方记账凭证

收款人：李文　　复核：刘明　　开票人：马立　　销售方（章）

业务 2$\frac{2}{2}$

捐赠资产交接单

单位：元

2022年1月20日　　　　编号：001

资产名称	规格	单位	数量	预计使用年限	已使用年限	确认原值	增值税	已提折旧	净值	备注
东风货车	45座	辆	2	10		100 000.00	13 000.00		100 000.00	附发票
捐赠人	（公章）上海汽车制造厂 经手人：何彬				被捐赠人	（公章）长江机械厂 设备科 经办人：赵功臣				

（3）1月25日，经批准以资本公积、盈余公积转增实收资本。

业务 3

长江机械厂文件

厂办字第8号

关于以资本公积和盈余公积转增实收资本的决议

……

经研究决定，以资本公积200万元和盈余公积300万元转增实收资本。

……

厂长：丁一民

长江机械厂（印章：长江机械厂）

2022年1月25日

（三）实训任务

1. 根据资料1开设“实收资本”、“资本公积”和“盈余公积”总账，登记2022年年初余额。
2. 根据资料2编制记账凭证。
3. 根据记账凭证登记“实收资本”、“资本公积”和“盈余公积”总账，并结账。

（四）实训指引

1. 实训形式：本实训为单人独立实训。
2. 实训时间：本实训约需20分钟。
3. 实训用纸：收款凭证1张；转账凭证3张；总分类账账页3张。

思政视频

黑名单

总账

第　　　页

年		凭证		摘要	对方科目	日页	借方金额													贷方金额													借或贷	余额												
月	日	种类	号数				百	十	亿	千	百	十	万	千	百	十	元	角	分	百	十	亿	千	百	十	万	千	百	十	元	角	分		百	十	亿	千	百	十	万	千	百	十	元	角	分

总账

第　　　页

年		凭证		摘要	对方科目	日页	借方金额													贷方金额													借或贷	余额												
月	日	种类	号数				百	十	亿	千	百	十	万	千	百	十	元	角	分	百	十	亿	千	百	十	万	千	百	十	元	角	分		百	十	亿	千	百	十	万	千	百	十	元	角	分

总账

第　　页

年		凭证		摘要	对方科目	日页	借方金额													贷方金额													借或贷	余额												
月	日	种类	号数				百	十	亿	千	百	十	万	千	百	十	元	角	分	百	十	亿	千	百	十	万	千	百	十	元	角	分		百	十	亿	千	百	十	万	千	百	十	元	角	分

总账

第　　页

年		凭证		摘要	对方科目	日页	借方金额													贷方金额													借或贷	余额												
月	日	种类	号数				百	十	亿	千	百	十	万	千	百	十	元	角	分	百	十	亿	千	百	十	万	千	百	十	元	角	分		百	十	亿	千	百	十	万	千	百	十	元	角	分

实训七　营业收入确认核算实训

（一）实训目的

熟悉销货方在各种结算方式下销售业务的处理方法，根据收入确认原则正确确认营业收入的实现。

（二）实训资料

滨江市雅克空调厂生产SOD型风扇、ZCY型家用空调、QEW型商用中央空调3种产品。该企业为增值税一般纳税人，增值税税率为13%。2021年12月份有关销售业务资料如下：

1.12月5日，根据合同向天津市百货公司销售空调和风扇，商品已发出。

业务1 $\frac{1}{2}$

滨江增值税电子专用发票

发票代码：010002141413
发票号码：01020062
开票日期：2021年12月5日
校验码：略

机器编号：499098309991

购买方	名称：天津市百货公司 纳税人识别号：91530103100202245A 地址、电话：天津市滨海路23号　80012345 开户行及账号：中国工商银行天津市滨海支行23814630			密码区	（略）		
项目名称	规格型号	单位	数量	单价	金额	税率	税额
空调	ZCY	台	20	3 500.00	70 000.00	13%	9 100.00
风扇	SOD	台	20	900.00	18 000.00	13%	2 340.00
合计					¥88 000.00		¥11 440.00
价税合计（大写）	⊗玖万玖仟肆佰肆拾元整					（小写）	¥99 440.00
销售方	名称：滨江市雅克空调厂 纳税人识别号：91370204033515888A 地址、电话：滨江市学府路10号　80022456 开户行及账号：中国工商银行市北区办事处23004311133			备注			

收款人：张　伟　　复核：张　涛　　开票人：齐　力

业务1 $\frac{2}{2}$

ICBC 中国工商银行商业承兑汇票　2

签发日期　贰零贰壹年壹拾贰月零伍日　　№00784126

收款人	全称	滨江市雅克空调厂		付款人	全称	天津市百货公司	
	账号	23004311133			账号	23814630	
	开户银行	中国工商银行	行号 24044		开户银行	中国工商银行	行号 23085
汇票金额	人民币（大写）玖万玖仟肆佰肆拾元整				千百十万千百十元角分	¥9944000	
汇票到期日	贰零贰贰年零壹月零伍日			交易合同号码	07588		
说明：此联于到期日或贴现日交存银行				承兑　负责 王林　经办 李乙			

2.12 月 8 日，与滨江市海天酒店签订销售合同，并预收部分货款。

业务 $2\frac{1}{4}$

销 售 合 同

滨江市雅克空调厂（以下称为甲方）与滨江市海天酒店（以下称为乙方）达成购销协议如下：

一、甲方向乙方出售 QEW 型商用中央空调一套，不含税售价人民币壹拾贰万捌仟元整。

二、甲方负责于 2021 年 12 月 8 日送货到乙方单位，并于 2021 年 12 月 20 日起至 2021 年 12 月 30 日止负责安装检验。

三、安装并投入使用后乙方试用一个月，如存在质量问题，乙方有权要求退货并由甲方负责赔偿损失。

四、双方约定价税款以支票方式结算，乙方于 2021 年 12 月 8 日向甲方支付全部款项的 50%，安装检验完毕时支付余下的 50%。

五、本合同经青岛市公证处公证，双方各执一份。

甲方：法定代表人及单位签章 东方

乙方：法定代表人及单位签章 李明印

公证人：陈芳

业务 $2\frac{2}{4}$

ICBC 中国工商银行 转账支票（津）

№ 01737401

本支票付款期限十天

出票日期（大写）：贰零贰壹年壹拾贰月零捌日 付款行名称：工商银行滨江市海滨支行

收款人：滨江市雅克空调厂 出票人账号：200238451246

人民币（大写）	千	百	十	万	千	百	十	元	角	分
柒万贰仟叁佰贰拾元整			¥	7	2	3	2	0	0	0

用途 货款

上列款项请从我账户内支付

密码 198298738898

复核 记账 验印

出票人签章

业务 $2\frac{3}{4}$

滨江市统一收款收据

收据代码 23300XX00723

收据号码 09008006

开票日期：2021 年 12 月 8 日

缴款单位或个人	滨江市海天酒店			
款项内容	预收货款	收款方式	转账支票	
人民币（大写）	柒万贰仟叁佰贰拾元整		（小写）¥72 320.00	
收款单位盖章		收款人签章	张彬	备注

第一联 收据联（手写无效）

业务 $2\frac{4}{4}$

ICBC 中国工商银行进账单（收账通知） 3

2021年12月8日　　第257号

收款人	全　称	滨江市雅克空调厂	付款人	全　称	滨江市海天酒店
	账　号	23004311133		账　号	200238451246
	开户银行	工行市北区办事处		开户银行	工行滨江市海滨支行
金　额	人民币（大写）	柒万贰仟叁佰贰拾元整		千百十万千百十元角分	¥72320 00
票据种类	转支	票据张数	1		
票据号码	01737401				
复核　记账				收款人开户行盖章	

中国工商银行滨江市市北区办事处 2021.12.08 转讫

此联是收款人开户银行交给收款人的收账通知

3.12月15日，向龙海华联商厦赊销产品，合同约定价税合计45 200元。商业信用条件见业务 $3\frac{2}{2}$，商品已发出；估计10天内付款的可能性为90%，超过10天付款的可能性为10%。

业务 $3\frac{1}{2}$

滨江增值税电子专用发票

全国统一发票监制章 国家税务总局 滨江市税务局

发票代码：010002141413
发票号码：01020063
开票日期：2021年12月15日
校 验 码：略

机器编号：499098309991

购买方	名　称：龙海华联商厦 纳税人识别号：91120101520212201A 地址、电话：龙海市商业路5号　87612345 开户行及账号：中国工商银行龙海市商业支行23814636235				密码区	（略）		
项目名称	规格型号	单位	数量	单价	金额	税率	税额	
风扇	SOD	台	50	784.00	39 200.00	13%	5 096.00	
合　计					¥39 200.00		¥5 096.00	
价税合计（大写）	⊗肆万肆仟贰佰玖拾陆元整					（小写）¥44 296.00		
销售方	名　称：滨江市雅克空调厂 纳税人识别号：91370204033515888A 地址、电话：滨江市学府路10号　80022456 开户行及账号：中国工商银行市北区办事处23004311133				备注			

收款人：张　伟　　复核：张　涛　　开票人：齐　力

业务 $3\frac{2}{2}$

滨江市雅克空调厂商业信用凭证

2021年12月15日

信用种类	赊　销	付款单位	全　称	龙海华联商厦
信用条件	2/10，N/30		账　号	23814636235
信用金额	¥45 200.00		开户行	工商银行
金额大写：人民币肆万伍仟贰佰元整				

财务负责人：　　购货单位经办人：孙　悦

4.12月18日，向大连市百货公司销售空调，商品已发出，代垫运费及装卸费1 481元，办妥托收手续。

业务4$\frac{1}{5}$

滨江增值税电子专用发票

(印章：全国统一发票监制章 国家税务总局 滨江市税务局)

机器编号：499098309991

发票代码：010002141413
发票号码：01020064
开票日期：2021年12月18日
校验码：略

购买方	名称：大连市百货公司 纳税人识别号：91370102489763214A 地址、电话：大连市经一路49号 89123456 开户行及账号：中国工商银行大连市经一支行2340894512				密码区	（略）	
项目名称	规格型号	单位	数量	单价	金额	税率	税额
空调	ZCY	台	30	3 500.00	105 000.00	13%	13 650.00
合计					¥105 000.00		¥13 650.00
价税合计（大写）	⊗壹拾壹万捌仟陆佰伍拾元整					（小写）	¥118 650.00
销售方	名称：滨江市雅克空调厂 纳税人识别号：91370204033515888A 地址、电话：滨江市学府路10号 80022456 开户行及账号：中国工商银行市北区办事处23004311133				备注		

收款人：张 伟　　复核：张 涛　　开票人：齐 力

业务4$\frac{2}{5}$

ICBC 中国工商银行托收承付结算凭证（回 单） 1

第27号

委托日期 2021年12月18日　　托收号码：7961

收款人	全称	滨江市雅克空调厂		付款人	全称	大连市百货公司	
	账号	23004311133			账号	2340894512	
	开户银行	工行市北区办事处	行号 24044		开户银行	工行经一支行	行号 20001
托收金额	人民币（大写）壹拾贰万零壹佰叁拾壹元整				千百十万千百十元角分	¥12013100	
附件		商品发运情况		合同名称号码			
附寄单证张数或册数	3	商品通过铁路运输					
备注：电划		款项收妥日期 年 月 日		收款人开户银行盖章 年 月 日			

(印章：中国工商银行滨江市市北区办事处 07571 2021.12.18 业务章)

此联是收款人开户银行给收款人的回单

单位主管：刘加叶　会计：杨 白　复核：柳 青　记账：傅 刚

业务 4 $\frac{3}{5}$

滨江增值税电子专用发票

（印章：全国统一发票监制章 国家税务总局 滨江市税务局）

机器编号：499098309992

发票代码：010002141413
发票号码：15452755
开票日期：2021年12月18日
校验码：略

购买方	名称：大连市百货公司 纳税人识别号：91370102489763214A 地址、电话：大连市经一路49号 89123456 开户行及账号：中国工商银行大连市经一支行2340894512				密码区	（略）	
项目名称	规格型号	单位	数量	单价	金额	税率	税额
运费					900.00	9%	81.00
合计					¥900.00		¥81.00
价税合计（大写）	⊗玖佰捌拾壹元整					（小写）	¥981.00
销售方	名称：滨江铁路局 纳税人识别号：91835273940193002A 地址、电话：滨江市明珠路30号 89012345 开户行及账号：中国工商银行滨江市营业部258908562				备注	起运地：滨江 到达地：大连 车种：东风货车 车号：辽B34567 货物：空调	

收款人：张华　　复核：王红　　开票人：李丽

业务 4 $\frac{4}{5}$

滨江增值税电子普通发票

（印章：全国统一发票监制章 国家税务总局 滨江市税务局）

机器编号：499098309992

发票代码：010002141413
发票号码：15452798
开票日期：2021年12月18日
校验码：略

购买方	名称：大连市百货公司 纳税人识别号：91370102489763214A 地址、电话：大连市经一路49号 89123456 开户行及账号：中国工商银行大连市经一支行2340894512				密码区	（略）	
项目名称	规格型号	单位	数量	单价	金额	税率	税额
装卸费					471.70	6%	28.30
合计					¥471.70		¥28.30
价税合计（大写）	⊗伍佰元整					（小写）	¥500.00
销售方	名称：滨江铁路局 纳税人识别号：91835273940193002A 地址、电话：滨江市明珠路30号 89012345 开户行及账号：中国工商银行滨江市营业部258908562				备注	空调	

收款人：张华　　复核：王红　　开票人：李丽

业务 4 $\frac{5}{5}$

中国工商银行（滨）
转账支票存根
№00253077

附加信息
发送大连

出票日期 2021年12月18日

收款人：	滨江铁路局
金　额：	¥1 481.00
用　途：	代垫运费、装卸费

单位主管 刘加叶　会计 杨白

5.12月24日，收到货款（已扣现金折扣）。

业务5

ICBC 中国工商银行电划贷方补充报单（收款通知） 4 №1977353

发报行	行号	24044	编制日期	2021年12月24日	收报人	行号	4653
	行名	中国工商银行				行名	中国工商银行市北区办事处

收款单位 账号或地址	23004311133
收款单位 名称	滨江市雅克空调厂
金额	肆万肆仟贰佰玖拾陆元整
付款单位名称	龙海华联商厦
事由	扣除折扣 904.00元

亿	千	百	十	万	千	百	十	元	角	分
			¥	4	4	2	9	6	0	0

应解汇款编号 53481

上列款项已代转账，如有错误，请持此联来行面洽。此致

（开户单位）

（银行盖章） 年 月 日

上列款项已照收无误

证件名称：身份证

证件号码 370204196004133873

（收款单位盖章）2021年12月24日

科 目（贷）____

对方科目（借）____

记账 复核 出纳

转账日期 年 月 日

（印章：中国工商银行滨江市市北区办事处 2021.12.24 转讫；滨江市雅克空调厂 财务专用章）

6.12月25日，售废旧物资。

业务6 $\frac{1}{2}$

滨江增值税电子专用发票

（印章：全国统一发票监制章 国家税务总局 滨江市税务局）

发票代码：010002141413

发票号码：01020065

开票日期：2021年12月25日

校验码：略

机器编号：499098309991

购买方	
名称	山东铝制品加工厂
纳税人识别号	91265842012345678A
地址、电话	济南市文化东路112号 62439280
开户行及账号	工商银行济南支行 376211289
密码区	（略）

项目名称	规格型号	单位	数量	单价	金额	税率	税额
旧铝合金窗		套	110	20.00	2 200.00	13%	286.00
合计					¥2 200.00		¥286.00
价税合计（大写）	⊗贰仟肆佰捌拾陆元整					（小写）	¥2 486.00

销售方	
名称	滨江市雅克空调厂
纳税人识别号	91370204033515888A
地址、电话	滨江市学府路10号 80022456
开户行及账号	中国工商银行市北区办事处 23004311133
备注	

收款人：张伟 复核：张涛 开票人：齐力

业务6 $\frac{2}{2}$

滨江市统一收款收据

（印章：滨江市财政局 票证管理监制章）

收据代码 28300XX04726

收据号码 03040007

开票日期：2021年12月25日

缴款单位或个人	山东铝制品加工厂		
款项内容	售废旧物资	收款方式	现金
人民币（大写）	贰仟肆佰捌拾陆元整	（小写）	¥2 486.00
收款单位盖章		收款人签章	张伟
备注			

第一联 收据联（手写无效）

（印章：滨江市雅克空调厂 现金收讫）

7.12月30日，收到剩余货款，并开出销货发票。

业务7 $\frac{1}{2}$

滨江增值税电子专用发票

（印章：全国统一发票监制章 国家税务总局 滨江市税务局）

机器编号：499098309991

发票代码：010002141413
发票号码：010200656
开票日期：2021年12月30日
校验码：略

购买方	名称：滨江市海天酒店 纳税人识别号：91370135446145006A 地址、电话：滨江市海滨路44号 89000123 开户行及账号：中国工商银行滨江市海滨支行200238451246				密码区	（略）	
项目名称	规格型号	单位	数量	单价	金额	税率	税额
空调	QEW	套	1	128 000.00	128 000.00	13%	16 640.00
合计					¥128 000.00		¥16 640.00
价税合计（大写）	⊗壹拾肆万肆仟陆佰肆拾元整					（小写）	¥144 640.00
销售方	名称：滨江市雅克空调厂 纳税人识别号：91370204033515888A 地址、电话：滨江市学府路10号 80022456 开户行及账号：中国工商银行市北区办事处23004311133				备注		

收款人：张　伟　　复核：张　涛　　开票人：齐　力

业务7 $\frac{2}{2}$

ICBC 中国工商银行进账单（收账通知） 3

2021年12月30日　　第258号

收款人	全称	滨江市雅克空调厂	付款人	全称	滨江市海天酒店
	账号	23004311133		账号	200238451246
	开户银行	工行市北区办事处		开户银行	工行滨江市海滨支行
金额	人民币（大写）	柒万贰仟叁佰贰拾元整			¥ 2 ... 2 0 0 0
票据种类	转支	票据张数	1		
票据号码	略				
复核　记账				收款人开户行盖章	

（印章：中国工商银行滨江市市北区办事处 2021.12.30 转讫）

此联是收款人开户银行交给收款人的收账通知

8.12月31日，结转本月发出产品成本。

业务8

滨江市雅克空调厂
产品出库单

2021年12月31日

产品名称	计量单位	数量	单位成本（元）	金额（元）
ZCY空调	台	50	3 000.00	150 000.00
SOD风扇	台	70	600.00	42 000.00
QEW空调	套	1	100 000.00	100 000.00

制票人：李　义　　经办人：赵　克

（三）实训任务

1.判断各项销售业务是否确认营业收入。
2.根据各项经济业务分别编制记账凭证。

（四）实训指引

1.实训形式：单人独立实训。
2.实训时间：本项实训约需45分钟。
3.实训用纸：收款凭证4张；付款凭证1张；转账凭证6张。

业务1 $\frac{3}{4}$

滨江市第二汽车制造厂

产品出库单

2021年5月10日　　　　第238号

产品名称	规格型号	单位	数量	单位成本	金额
封闭式自卸垃圾车	QML	辆	2	25 400.00	50 800.00
合　计			2		¥50 800.00

第四联　交会计

填单：王石山　　　　经办：黄　平

业务1 $\frac{4}{4}$

转　账　凭　证

2021年5月10日

总号	
分号	转36

摘　要	一级科目	二级明细科目	√	借方金额 千	百	十	万	千	百	十	元	角	分	贷方金额 千	百	十	万	千	百	十	元	角	分
赠送环卫局垃圾车2辆	营业外支出	非公益性捐赠	√				5	8	6	0	0	0	0										
	库存商品	垃圾车	√														5	0	8	0	0	0	0
	应交税费	应交增值税(销项税额)	√															7	8	0	0	0	0
合　计						¥	5	8	6	0	0	0	0			¥	5	8	6	0	0	0	0

附件 2 张

财会主管：洪　涵　　复核：张易军　　记账：李　伟　　制单：孙　明

（2）7月18日，收到到期国债本息。

业务2 $\frac{1}{3}$

滨江市财政局国债服务部

买卖证券凭证

2021年7月18日

证券名称	号码	张数	票面金额	买入价（卖出价）	金额 百	十	万	千	百	十	元	角	分
2020年国债	8015-8059	45	87 000.00	120%		1	0	4	4	0	0	0	0
合　计					¥	1	0	4	4	0	0	0	0

第一联　客户收执

（印章：滨江市财政局国债服务部　业务专用章）

出纳：8号　　复核：9号　　经办：王　艳

业务 $2\frac{2}{3}$

ICBC 中国工商银行进账单（收账通知） 3

2021年7月18日　　第321号

收款人	全称	滨江市第二汽车制造厂	付款人	全称	滨江市财政局国债服务部
	账号	23089864321		账号	23065841256
	开户银行	工行和平区办事处		开户银行	工行和平区办事处
金额	人民币（大写）	壹拾万零肆仟肆佰元整		百十万千百十元角分	¥10440000
票据种类	转支	票据张数	1		
票据号码	略				

复核　　记账

中国工商银行和平区办事处 2021.07.18 转讫

收款人开户行盖章

此联是收款人开户银行给收款人的收账通知

业务 $2\frac{3}{3}$

收款凭证

借方科目 银行存款　　2021年7月18日　　总号　　分号 银收51

摘要	应贷科目 一级科目	二级及明细科目	√	亿	千	百	十	万	千	百	十	元	角	分
收到2020年国债兑付本息	债权投资	本金	√					8	7	0	0	0	0	0
	债权投资	应计利息	√						8	7	0	0	0	0
	投资收益		√						8	7	0	0	0	0
合计						¥	1	0	4	4	0	0	0	0

附件 1 张

财会主管：洪涵　记账：李伟　出纳：王艳　复核：张易军　制单：王艳

（3）9月18日，支付滞纳金和罚款。

业务 $3\frac{1}{3}$

滨江市税务局（分局）
催缴税款（滞纳金、罚款）通知书

〔2021〕税字第56号

滨江市第二汽车制造厂：

根据税法有关规定，你单位应缴增值税税款9 800元，滞纳金1 960元，罚款9 800元，合计21 560元。务必于2021年12月20日前到滨江市税务局和平分局缴清。

特此通知。

滨江市税务局和平分局

2021年9月17日

抄送：滨江市和平区人民检察院

业务3 $\frac{2}{3}$

滨江市税务局

税款滞纳金、罚金专用缴款书

隶属关系：

经济类型：全民　　填发日期：2021年9月18日　　№000012

缴款单位(人)		收入机关	
全称	滨江市第二汽车制造厂	收入机关	滨江市税务局和平分局
账号	23089864321	预算级次	市级
开户银行	工行和平区办事处	收款国库	工行和平区办事处
税款所属时期	2021年9月　日	税款限缴时期	2021年12月20日

税种	应纳税款	逾期天数	加收比例(‰)	罚款倍数	入库税款（千百十万千百十元角分）
滞纳金、罚金	9 800	100	2	1	1 1 7 6 0 0 0
金额合计 人民币（大写）	⊗仟⊗佰⊗拾壹万壹仟柒佰陆拾零元零角零分				¥ 1 1 7 6 0 0 0
缴款单位（盖章）	税务机关（盖章）	上列款项已收妥并划转收款单位账户 国库（银行）盖章　年　月　日		备注：	

缴款单位地址：　　电话：　　逾期不缴按税法规定加收滞纳金

无银行收讫章无效

第一联（收据）国库收款盖章后退缴款单位

（印章：滨江市第二汽车制造厂 财务专用章；滨江市税务局和平分局；中国工商银行和平区办事处 2021.09.18 收讫）

业务3 $\frac{3}{3}$

付　款　凭　证

贷方科目 银行存款　　2021年9月18日　　总号：　分号：银付97

摘要	应借科目 一级科目	二级及明细科目	√	金额（亿千百十万千百十元角分）
付滞纳金、罚款	营业外支出	罚款支出	√	1 1 7 6 0 0 0
合计				¥ 1 1 7 6 0 0 0

附件 2 张

财会主管：洪涌　记账：李伟　出纳：王艳　复核：张易军　制单：邱红

（4）10月27日，支付违反环境保护法罚款。

业务4 1/3

第08967号

委收号码：6689

付款期限2021年10月27日
延期期限　　年　月　日

委邮

ICBC 中国工商银行委托银行收款结算凭证（付款通知） 5

委托日期：2021年10月27日

付款人	全称	滨江市第二汽车制造厂	收款人	全称	滨江市和平区环境监理站
	账号或地址	23089864321		账号或地址	53007008412
	开户银行	工行和平区办事处		开户银行	交通银行　行号 55012
托收金额	人民币（大写）壹仟伍佰肆拾元整			千百十万千百十元角分	¥154000
款项内容	排污罚款	委托收款凭据名称		附寄单证张数	
备注：	付款人注意： 1.根据结算办法，上列委托收款，如在付款期限内未拒付时，即视同全部同意付款，以此联代付款通知。 2.如需提前付款或多付款，应另写书面通知送银行办理。 3.如系全部或部分拒付，应在付款期限内另填拒绝付款理由书送银行办理。				

此联是付款人开户银行给付款人按期付款的通知

单位主管：洪涵　会计：李伟　复核：张易军　记账：王艳　　付款单位开户行盖章

业务4 2/3

滨江市国家通用机打发票（卷票）

发票联

发票代码 231001370252
INVOICE CODE
发票号码 07154996
INVOICE NO.
密　　码 [redacted]
PASSWORD
机打号码 07154996
PRINT NO.
机器编号 001080176528
DEVICE NO.
收款单位 滨江市和平区环境监理站　　收款员　01
PAYEE　　ISSUED BY
纳税人识别号 913101017294O8967M
TAX REGISTRATION NO.
开票日期 DATE ISSUED 2021/10/27
付款单位（个人）PAYER 滨江市第二汽车制造厂

项目 ITEM	单价 NET PRICE	数量 QUANTITY	金额 AMOUNT
排污罚款			1 540.00

小写合计 ¥1 540.00
AMOUNT
大写合计 人民币壹仟伍佰肆拾元整
AMOUNT IN WORDS
税控码 0867 9552 2820 0208 7045
ANTI-FORGERY CODE

业务4$\frac{3}{3}$

付 款 凭 证

贷方科目 银行存款　　　　2021年10月27日

总号	
分号	银付112

摘要	应借科目 一级科目	应借科目 二级及明细科目	√	亿	千	百	十	万	千	百	十	元	角	分
付市和平区环境监理站罚款	营业外支出	排污罚款							1	5	4	0	0	0
合计								¥	1	5	4	0	0	0

附件 2 张

财会主管：洪涵　记账：李伟　出纳：王艳　复核：张易军　制单：邹红

（5）12月10日，支付虚假广告罚款。

业务5$\frac{1}{3}$

滨江市罚没（赃）款通用收据

缴款单位（人）：滨江市第二汽车制造厂　　2021年12月10日　　№005602

项目	罚没款依据	十	万	千	百	十	元	角	分
虚假广告	《中华人民共和国反不正当竞争法》第8条规定		1	0	0	0	0	0	0
合计金额	人民币（大写）壹万元整	¥	1	0	0	0	0	0	0
备注		缴款方式	现金：		支票：√		汇票：		

第二联 收据

收款单位：滨江市和平区反垄断与反不正当竞争执法局　主管：　经手人：孙英

业务5$\frac{2}{3}$

中国工商银行
转账支票存根（滨）
№00530069

附加信息

出票日期 2021年12月10日

收款人：滨江市和平区反垄断与反不正当竞争执法局

金额：¥10 000.00

用途：罚款支出

单位主管 洪涵　会计 李伟

业务5 3/3

付款凭证

贷方科目 银行存款　　　　2021年12月10日　　　　总号　　分号 银付121

摘要	应借科目：一级科目	二级及明细科目	√	亿	千	百	十	万	千	百	十	元	角	分
付市和平区反垄断与反不正当竞争执法局罚款	营业外支出	罚款支出						1	0	0	0	0	0	0
合　计							¥	1	0	0	0	0	0	0

附件 2 张

财会主管：洪　涌　　记账：李　伟　　出纳：王　艳　　复核：张易军　　制单：郑　红

（6）12月31日，确定2021年折旧、业务招待费等项目的纳税调整金额。

业务6

纳税调整表

单位：元

调整项目	会计实际列支金额	税法允许列支金额	纳税应调整金额
利息收入	8 700	0	
捐赠支出	60 400	0	
罚款支出	23 300	0	
业务招待费	165 000	99 000	
折旧费	147 000	120 000	
合　计			

（7）年终清缴所得税，填制税收缴款书。

业务7

中华人民共和国 税收缴款书

（2021）

隶属关系：　　　　　　　　　　　　　　　　　　　　　　　№00000012

经济类型：全民　　　填发日期：　年　月　日　　　收入机关：滨江市税务局

缴款单位（人）	代码		预算科目	款	
	全称			项	
	开户银行			级次	
	账号		收款国库		
税款所属时期	2021年12月		税款限缴日期2021年12月31日		

品目名称	课税数量	计税金额或销售收入	税率或单位税额	已缴或扣除额	实缴税额：千	百	十	万	千	百	十	元	角	分
金额合计	人民币（大写）													

缴款单位（人）（盖章）经办人（章）	税务机关（盖章）填票人（章）	上列款项已收妥并划转收款单位账户 国库（银行）盖章　年　月　日	备注

第一联（收据）国库（经收处）收款盖章后退缴款单位（人）作完税凭证

逾期不缴按税法规定加收滞纳金

（8）编制暂时性差异纳税影响金额计算表。

业务8

暂时性差异纳税影响金额计算表

金额单位：元

项　目	账面价值	计税基础	暂时性差异	税率(%)	纳税影响
固定资产	1 194 800	1 275 800			

（三）实训任务

1. 计算调整全年计税所得额，并列出计算步骤。
2. 计算全年应交所得税及暂时性差异影响所得税金额。
3. 编制2021年确认应交所得税、递延所得税的有关记账凭证。

（四）实训指引

1. 实训形式：单人独立实训。
2. 实训时间：本项实训约需60分钟。
3. 实训用纸：收款凭证1张；付款凭证3张；转账凭证2张。

（3）3月6日，收到结算的存款利息。

业务3

ICBC 中国工商银行存款利息通知单（第三联 代收账通知） №0259923

存款账户户名：滨江市信谊卷烟厂		账号：23004311134
利息计算时间：2021年 1月6日 3月6日 起止		左列存款利息已收入你单位账户。 （中国工商银行和平区办事处 2021.03.06 业务章） 开户银行盖章
计息积数共计：¥×××××××	利率：月 2.625‰	
利息金额（大写）：玖佰陆拾贰元伍角整		
附记：	¥962.50	

会计8号　　事后监督7号　　复核9号　　制单10号

（4）4月9日，支付银行工本费、邮电费和手续费。

业务4

ICBC 中国工商银行结算业务收费凭证（回单）　1

（领用单位）账号 23004311134
户名 滨江市信谊卷烟厂

2021年4月9日　　第4号

领用凭证名称	起止号码	单位	数量	工本费 单价	千	百	十	元	角	分	邮电费 单价	千	百	十	元	角	分	手续费 单价	千	百	十	元	角	分
银行汇票委托书		本	6	0.35				2	1	0	300	1	8	0	0	0	0	12.5			7	5	0	0
电汇		本	2	0.45					9	0	110		2	2	0	0	0	12.5			2	5	0	0

合计金额	人民币（大写）	万	千	百	十	元	角	分
	贰仟壹佰贰拾叁元整	¥	2	1	2	3	0	0

单位主管 刘文叶　会计 杨白　复核 柳青　记账 傅刚

（中国工商银行和平区办事处 2021.04.09 业务章）（开户银行盖章）

此联为结算业务收费回单

（5）5月23日，付污水处理费。

业务5 $\frac{1}{2}$

滨江增值税电子普通发票

（全国统一发票监制章 国家税务总局 滨江市税务局）

发票代码：010002141413
发票号码：27568999
开票日期：2021年5月23日
校验码：略

机器编号：499098302781

购买方	名称：滨江市信谊卷烟厂 纳税人识别号：91310107607320828A 地址、电话：滨江市黄县路10号 83871616 开户行及账号：工行和平区办事处 23004311134	密码区（略）

项目名称	规格型号	单位	数量	单价	金额	税率	税额
污水处理费			1	4 715.09	4 715.09	6%	282.91
合计					¥4 715.09		¥282.91
价税合计（大写）	⊘肆仟玖佰玖拾捌元整				（小写）¥4 998.00		

销售方	名称：滨江市和平区环境监理站 纳税人识别号：913153007008412A12 地址、电话：滨江市北海路410号 38125001 开户行及账号：交通银行和平支行 53007008412	备注

收款人：张梦　　复核：李想　　开票人：王露

业务5 $\frac{2}{2}$

第09863号

委收号码：0884

委邮

ICBC 中国工商银行**委托银行收款结算凭证**（付款通知） 5

委托日期：2021年5月23日

付款期限 2021年5月23日

延期期限 年 月 日

付款人	全称	滨江市信谊卷烟厂	收款人	全称	滨江市和平区环境监理站	
	账号或地址	23004311134		账号或地址	53007008412	
	开户银行	工行和平区办事处		开户银行	交通银行	行号 55012
托收金额	人民币（大写）肆仟玖佰玖拾捌元整					千百十万千百十元角分：¥499800
款项内容	污水处理费	委托收款凭据名称	征收污水处理费收款收据	附寄单证张数		
备注：		付款人注意： 1. 根据结算办法，上列委托收款，如在付款期限内未拒付的，即视同全部同意付款，以此联代付款通知。 2. 如需提前付款或多付款，应另写书面通知送银行办理。 3. 如系全部或部分拒付，应在付款期限内另填拒绝付款理由书送银行办理。				

此联是付款人开户银行给付款人按期付款的通知

中国工商银行 和平区办事处 2021.05.23 业务章

单位主管：刘文叶　会计：杨　白　复核：柳　青　记账：傅　刚　付款单位开户银行盖章

（6）6月23日，缴纳房产税。

业务6

中华人民共和国

税收缴款书

（2021）

隶属关系：

№0000458

经济类型：全民　填发日期：2021年6月23日　收入机关：滨江市税务局

缴款单位（人）	代码	913101076073208 28A	预算科目	款	房产税
	全称	滨江市信谊卷烟厂		项	
	开户银行	工行和平区办事处		级次	市级
	账号	23004311134	收款国库		交通银行台东区办
税款所属时期	2021年6—12月		税款限缴日期 2021年6月23日		

品目名称	课税数量	计税金额或销售收入	税率或单位税额	已缴或扣除额	千	百	十	万	千	百	十	元	角	分
房产价值		9 500 000	1.2%	57 000				5	7	0	0	0	0	0
金额合计	人民币（大写）伍万柒仟元整						¥	5	7	0	0	0	0	0
缴款单位（人）（盖章） 经办人（章）	税务机关（盖章） 填票人（章）	上列款项已收妥并划转收款单位账户 国库(银行)盖章 2021年6月23日		备注										

（实缴税额）

第一联（收据）国库（经收处）收款盖章后退缴款单位（人）作完税凭证

滨江市信谊卷烟厂 财务专用章

滨江市税务局第二分局

交通银行 台东区办事处 2021.06.23 业务章

逾期不缴按税法规定加收滞纳金

（7）6月24日，付评估费。

业务7 $\frac{1}{3}$

滨江增值税电子普通发票

机器编号：499098301113

发票代码：010002132013
发票号码：27362022
开票日期：2021年6月24日
校验码：略

购买方	名称：滨江市信谊卷烟厂 纳税人识别号：91310107607320828A 地址、电话：滨江市黄县路10号 83871616 开户行及账号：工行和平区办事处 23004311134				密码区	（略）		
项目名称	规格型号	单位	数量	单价		金额	税率	税额
评估费			1			2 547.17	6%	152.83
合计						¥2 547.17		¥152.83
价税合计（大写）	⊗贰仟柒佰元整					（小写）¥2 700.00		
销售方	名称：滨江方兴会计师事务所 纳税人识别号：91230100717881837M 地址、电话：滨江市中兴路328号 84725381 开户行及账号：中国工商银行中兴支行428117200410				备注			

收款人：许江　　复核：刘新　　开票人：张明

业务7 $\frac{2}{3}$

业务委托协议书

委托日期　2021年6月18日

编号：

兹由　滨江市信谊卷烟厂　委托滨江方兴会计师事务所，办理下列财会业务，应付业务费按规定的收费标准由委托单位支付：

委托业务： 对现有固定资产进行评估
要求事项： 出具资产评估报告
收费标准：1. 2. 3. 合计：人民币贰仟柒佰元整
备　注：1.本委托书一式三份，由委托单位、经办单位和受委托单位各执一份。 2. 3.

受委托单位	滨江方兴会计师事务所	经办单位（略）		委托单位	滨江市信谊卷烟厂
地址	中兴路328号	地址		地址	黄县路10号
负责人	王路	负责人		负责人	宋为民
电话	84725381	电话		电话	83871616

业务$7\frac{3}{3}$

中国工商银行（滨）
转账支票存根
№00258010

附加信息

出票日期 2021年6月24日

收款人：	滨江方兴会计师事务所
金　额：	¥2 700.00
用　途：	付资产评估费

单位主管 刘文叶　会计 杨白

（8）6月25日，以现金支付卫生罚款。

业务8

滨江市统一收款收据

收据代码 28800XX00543
收据号码 09701054

开票日期：2021年6月25日

缴款单位或个人	滨江市信诚卷烟厂				
款项内容	罚款		收款方式	现金	
人民币（大写）	壹佰元整			（小写）¥100.00	
收款单位盖章		收款人签章	张红之	备注	

第一联 收据联（手写无效）

（印章：滨江市税务局 收款收据监制章；滨江市市北区街道办事处 现金收讫）

（9）6月26日，收到联营单位分配的利润。

业务$9\frac{1}{2}$

ICBC 中国工商银行进账单（收账通知）　3

2021年6月26日　第78号

收款人	全　称	滨江市信诚卷烟厂	付款人	全　称	轻工业协会劳动服务公司星星商行
	账　号	23004311134		账　号	25639841578
	开户银行	工行和平区办事处		开户银行	工行和平区办事处
金　额	人民币（大写）	伍万叁仟元整		百十万千百十元角分	¥5300000
票据种类	转支	票据张数	1		
票据号码	略				
复核　记账				收款人开户行盖章	

此联是收款人开户银行给收款人的收账通知

（印章：中国工商银行和平区办事处 2021.06.26 收讫）

业务 9$\frac{2}{2}$

双方横向经济联合议定书

为了更好地为首都人民服务，滨江市信谊卷烟厂（以下简称甲方）与轻工业协会劳动服务公司星星商行（以下简称乙方）共同商订，在京成立滨江市信谊卷烟厂北京经销部，具体议定如下：

一、甲方以货币资金形式出资100万元，资金到位时间定于2019年12月31日前；乙方提供鼓楼西大街908号门市房200平方米作为营业场所，固定资产评估价值为100万元。

二、北京经销部的经营管理主要由乙方负责，甲方派一名副经理参与管理。

三、乙方在经济体制上自负盈亏，独立核算，甲方按双方购销合同向乙方提供商品。

四、乙方需向甲方按税后净利润的40%分红，如发生亏损，由双方按出资比例承担。

五、双方在本议定书有效期内不得终止联合协议，如一方违约，需向对方交纳20万元的违约金；当有效期届满时，如乙方自愿终止合同，甲方抽回货币资金100万元。

六、双方在本议定书有效期内，如上级颁布与本议定书各事项有相抵触的政策，双方均按上级政策规定执行。

七、本议定书由滨江市公证处公证，甲乙双方各执一份。

八、本议定书自签订日起有效期三年。

滨江市信谊卷烟厂代表（甲方代表）　　郝永 生印

轻工业协会劳动服务公司星星商行代表（乙方代表）　　尚 行印

2019年12月1日

（印章：滨江市烟草总公司；滨江市公证处；轻工业协会劳动服务公司星星商行；滨江市信谊卷烟厂）

（10）6月30日，缴纳税费。

业务 10$\frac{1}{2}$

中华人民共和国
税收缴款书

（2021）

隶属关系：　　　　　　　　　　　　　　　　　　　　　　№000034

经济类型：全民　　　　填发日期：2021年6月30日　收入机关：滨江市税务局和平分局

缴款单位（人）	代码	91310107607320828A	预算科目 款	增值税
	全称	滨江市信谊卷烟厂	项	一般增值税
	开户银行	工行和平区办事处	级次	中央级
	账号	23004311134	收款国库	工行和平区办事处
税款所属时期	2021年6月1日—30日		税款限缴日期	2021年7月5日

品目名称	课税数量	计税金额或销售收入	税率或单位税额	已缴或扣除额	实缴税额（千 百 十 万 千 百 十 元 角 分）
增值税			13%		
金额合计	人民币（大写）				
缴款单位（人）（盖章）经办人（章）	税务机关（盖章）填票人（章）	上列款项已收妥并划转收款单位账户 国库（银行）盖章 2021年6月30日			备注

第一联（收据）国库（经收处）收款盖章后退缴款单位（人）作完税凭证

逾期不缴按税法规定加收滞纳金

（印章：滨江市信谊卷烟厂财务专用章；滨江市税务局和平分局；中国工商银行和平区办事处 2021.06.30 业务章）

业务10 2/2

中华人民共和国
税收缴款书

（2021）

隶属关系：　　　　　　　　　　　　　　　　　　　　　　　　　　　　　　№000035

经济类型：全民　　　　填发日期：2021年6月30日　收入机关：滨江市税务局和平分局

缴款单位（人）			预算科目		
	代码	91310107607320828A		款	消费税
	全称	滨江市信谊卷烟厂		项	一般消费税
	开户银行	工行和平区办事处		级次	中央级
	账号	23004311134	收款国库		工行和平区办事处
税款所属时期		2021年6月1日—30日	税款限缴日期		2021年7月5日

品目名称	课税数量	计税金额或销售收入	税率或单位税额	已缴或扣除额	实缴税额（千 百 十 万 千 百 十 元 角 分）
甲类香烟			56%		
乙类香烟			36%		
烟丝			30%		
金额合计	人民币（大写）				
缴款单位（人）（盖章）经办人（章）	税务机关（盖章）填票人（章）	上列款项已收妥并划转收款单位账户 国库（银行）盖章 2021年6月30日			备注

第一联（收据）国库（经收处）收款盖章后退缴款单位（人）作完税凭证

逾期不缴按税法规定加收滞纳金

4.该企业适用的企业所得税税率为25%。其他税税率和税后分配比率如下：

（1）消费税税率：甲类卷烟56%（加收0.003元/支，下同），乙类卷烟36%，烟丝30%。

（2）法定盈余公积和任意盈余公积的计提比例均为税后利润的10%。

（三）实训任务

1.根据实训资料1，编制结转产品销售成本和结转其他销售成本的记账凭证。

2.根据实训资料3（1）至（10），编制有关记账凭证（上缴的房产税计入税金及附加）。

3.根据实训资料1、2、3（10），填列增值税、消费税原始凭证及相应记账凭证。

4.按应交增值税、消费税税额的7%、3%，计算应交城市维护建设税、教育费附加（暂不考虑地方教育附加），并编制记账凭证。

5.根据实训资料1、2、3，计算1—6月份营业利润和利润总额。

6.根据实训资料计算1—6月应交所得税总额（投资收益、营业外支出为纳税时需调整项目），并编制应交所得税记账凭证。

7.根据以上资料，计算净利润、应计提盈余公积金额并编制记账凭证。

8.根据以上资料，编制结转损益类账户的记账凭证和利润分配的记账凭证，并登记“本年利润”账户。

（四）实训指引

1.实训形式：分组实训，每两人为一组，设会计主管1人，记账员1人。

2.实训时间：本项实训约需100分钟。

3.实训用纸：收款凭证2张；付款凭证10张；转账凭证5张；多栏式明细账账页1张。

续表

账户名称	年初余额		本期发生额	
	借/贷	余额	借方发生额	贷方发生额
其他应收款	借方	2 500		
材料采购	借方	112 500	（2）采购75 000 （4）采购49 900	（3）结转计划成本50 000 （5）结转计划成本49 900
原材料	借方	325 000	（3）入库47 500 （5）入库50 000	（30）领用350 000
包装物	借方	19 025		
低值易耗品	借方	25 000		（32）摊销25 000
库存商品	借方	840 000	（41）完工入库641 200	（49）结转销售成本375 000
材料成本差异	借方	18 475	（3）入库差异2 500	（5）入库差异100 （33）领用差异18 750
生产成本			（28）工资156 750 （31）材料350 000 （33）材料差异17 500 （40）制造费116 950	（41）结转入库成本641 200
制造费用			（28）工资5 700 （32）低耗摊销25 000 （33）材料差异1 250 （35）维修费45 000 （36）折旧40 000	（40）结转116 950
长期股权投资	借方	125 000		
长期股权投资减值准备				（51）计提35 000
固定资产	借方	750 000	（8）购入50 500 （13）完工转入700 000	（14）100 000 （22）200 000
累计折旧	贷方	200 000	（14）90 000 （22）75 000	（36）计提50 000
固定资产清理			（14）净值10 000 （15）清理支出250 （22）净值125 000 （24）净收益25 000	（16）清理收入400 （17）净损失9 850 （23）清理收入150 000
工程物资			（9）购入75 000	
在建工程	借方	750 000	（10）工资114 000 （11）利息75 000	（13）结转成本700 000
无形资产	借方	400 000		
无形资产减值准备				（50）计提20 000
累计摊销				（34）摊销30 000
短期借款	贷方	150 500	（25）偿还125 000	

续表

账户名称	年初余额		本期发生额	
	借/贷	余额	借方发生额	贷方发生额
应付票据	贷方	100 000	（1）偿还 50 000	
应付账款	贷方	476 900		
其他应付款	贷方	25 000		
应付职工薪酬	贷方	55 000	（27）支付 140 000（经营人员） 支付 110 000（工程人员）	（10）工程人员 114 000 （28）经营人员 171 000
应交税费（增）	贷方	15 000	（2）进项 9 750 （4）进项 6 487 （48）交纳 50 000	（6）销项 19 500 （12）销项 52 000 （43）销项 16 250 （19）冲销项［6 500］
应交税费（所）			（52）预交 30 000	（53）25 000
应交税费（附加）	贷方	3 300	（48）交纳 1 000	（47）应交 1 000
应付股利				
长期借款	贷方	800 000		（11）计提利息 75 000 （18）借入 200 000 （30）计提利息 10 750
实收资本	贷方	2 500 000		
盈余公积	贷方	40 000		
资本公积	贷方	10 000		
利润分配	贷方	25 000		
主营业务收入			（19）退回 50 000	（6）销售 150 000 （12）销售 400 000 （43）销售 125 000
主营业务成本			（49）销售成本 375 000	
税金及附加			（47）教育费附加 1 000	
销售费用			（39）展览费 5 000 （42）广告费 5 000	
管理费用			（28）工资 8 550 （34）无形资产摊销 30 000 （35）维修费 5 000 （36）折旧费 10 000 （46）办公费 25 000	
财务费用			（25）支付利息 6 250 （30）计提利息 10 750 （44）贴现息 10 000	

续表

账户名称	年初余额		本期发生额	
	借/贷	余额	借方发生额	贷方发生额
投资收益				（7）转让收益750 （21）债券利息15 000
资产处置损益				（24）固定资产处置净收益25 000
信用减值损失			（38）坏账准备450	
资产减值损失			（50）无形资产减值准备20 000 （51）长期股权投资减值准备35 000	
营业外支出			（17）固定资产盘亏净损失9 850	
所得税费用			（53）25 000	
本年利润				

2. 该企业分别按净利润的10%、5%提取法定盈余公积、任意盈余公积，公司本年度拟分配现金股利16 000元。

（三）实训任务

1. 根据以上资料，结转本年利润，进行利润分配。
2. 结出各账户期末余额，编制2021年12月31日的资产负债表。
3. 根据各损益类账户发生额，编制2021年度的利润表。

（四）实训指引

1. 实训形式：单人独立完成。
2. 实训时间：本项实训需用150分钟。
3. 实训用纸：资产负债表、利润表各1张。

思政视频：

胜通公司财务造假案例

资产负债表

会企01表

编制单位：　　　　　　　　年　　月　　日　　　　　　　　单位：元

资　产	期末余额	上年年末余额	负债和所有者权益（或股东权益）	期末余额	上年年末余额
流动资产：			流动负债：		
货币资金			短期借款		
交易性金融资产			交易性金融负债		
衍生金融资产			衍生金融负债		
应收票据			应付票据		
应收账款			应付账款		
预付款项			预收款项		
其他应收款			合同负债		
存货			应付职工薪酬		
合同资产			应交税费		
持有待售资产			其他应付款		
一年内到期的非流动资产			持有待售负债		
其他流动资产			一年内到期的非流动负债		
流动资产合计			其他流动负债		
非流动资产：			流动负债合计		
债权投资			非流动负债：		
其他债权投资			长期借款		
长期应收款			应付债券		
长期股权投资			其中：优先股		
投资性房地产			永续债		
固定资产			租赁负债		
在建工程			长期应付款		
无形资产			专项应付款		
开发支出			预计负债		
长期待摊费用			递延所得税负债		
递延所得税资产			其他非流动负债		
其他非流动资产			非流动负债合计		
非流动资产合计			负债合计		
			所有者权益（或股东权益）：		
			实收资本（或股本）		
			其他权益工具		
			资本公积		
			其他综合收益		
			盈余公积		
			未分配利润		
			所有者权益（或股东权益）合计		
资产总计			负债和所有者权益（或股东权益）总计		

利　润　表

会企02表

编制单位：东方机械制造公司　　　　＿＿＿＿年度　　　　单位：元

项　目	本期金额	上期金额
一、营业收入		
减：营业成本		
税金及附加		
销售费用		
管理费用		
研发费用		
财务费用		
加：其他收益		
投资收益（损失以“-”号填列）		
公允价值变动收益（损失以“-”号填列）		
信用减值损失（损失以“-”号填列）		
资产减值损失（损失以“-”号填列）		
资产处置收益（损失以“-”号填列）		
二、营业利润（亏损以“-”号填列）		
加：营业外收入		
减：营业外支出		
三、利润总额（亏损总额以“-”号填列）		
减：所得税费用		
四、净利润（净亏损以“-”号填列）		
（一）持续经营净利润（净亏损以“-”号填列）		
（二）终止经营净利润（净亏损以“-”号填列）		
五、其他综合收益的税后净额		
（一）不能重分类进损益的其他综合收益		
（二）将重分类进损益的其他综合收益		
六、综合收益总额		
七、每股收益		
（一）基本每股收益		
（二）稀释每股收益		

实训十一　特殊会计业务实训

（一）实训目的

了解债务重组、非货币性资产交换、资产负债表日后事项等特殊会计业务处理的程序与方法。

（二）实训资料

深业股份有限公司（增值税一般纳税人）2021年度财务报告批准报出日为2022年4月25日，所得税汇算清缴日为2022年4月15日。企业所得税税率为25%，所得税按资产负债表债务法核算。增值税税率为13%。2021年财务报表（调整前）如下：

资产负债表（简）

会企01表

编制单位：深业股份有限公司　　2021年12月31日　　单位：千元

资产	调整前	调整后	负债和股东权益	调整前	调整后
流动资产：			流动负债：		
货币资金	100		短期借款	25 000	
交易性金融资产	10 000		应付票据	2 000	
应收票据	1 000		应付账款	8 000	
应收账款	80 000		应交税费	24 750	
存货	29 000		其他应付款	200	
流动资产合计	120 100		流动负债合计	59 950	
非流动资产：			非流动负债：		
长期股权投资	55 000		长期借款	30 000	
固定资产	40 000		预计负债	50	
无形资产	5 000		非流动负债合计	30 050	
非流动资产合计	100 000		负债合计	90 000	
			股东权益：		
			股本	100 000	
			资本公积	10 000	
			盈余公积	12 000	
			未分配利润	8 100	
			股东权益合计	130 100	
资产总计	220 100		负债和股东权益总计	220 100	

利润表（简）

会企02表

编制单位：深业股份有限公司　　2021年度　　单位：千元

项　目	调整前	调整后
一、营业收入	1 300	
减：营业成本	500	
税金及附加	50	
管理费用	170	
财务费用	90	
销售费用		
加：其他收益		
投资收益（损失以“-”号填列）		
信用减值损失（损失以“-”号填列）		
资产减值损失（损失以“-”号填列）		
资产处置收益（损失以“-”号填列）		
二、营业利润（亏损以“-”号填列）	490	
加：营业外收入		
减：营业外支出	90	
三、利润总额（亏损总额以“-”号填列）	400	
减：所得税费用	100	
四、净利润	300	

报告年度及2021年12月31日至2022年4月25日发生的部分事项如下：

1.2021年5月6日，与华海股份有限公司签订债务重组协议。

业务1

债务重组协议（摘要）

由于深业股份有限公司（简称深业公司）现金流量严重不足，无力清偿于2021年3月20日到期的应付华海股份有限公司（简称华海公司）购货款300万元。经协商，华海公司同意就此项债务进行重组，签订协议如下：

1.债务重组日为2021年7月10日。

2.深业公司以生产的QSD数控机床10台抵偿部分债务。抵偿金额按该类机床市价及增值税款确定。深业公司承运货物并负担运输费用。

3.华海公司免除深业公司抵偿后的剩余债务。

4.本协议自签订之日起3个月内有效。

债权人：华海股份有限公司（盖章）　代表人：孔彦　2021年5月6日

债务人：深业股份有限公司（盖章）　代表人：张明军　2021年5月6日

2.2021年6月16日，与丽源股份有限公司签订资产置换协议。

业务2

资产置换协议（摘要）

甲方：深业股份有限公司

乙方：丽源股份有限公司

1.由于双方经营业务的需要，甲方将拥有的位于常德市经济技术开发区的办公楼与乙方的数控机床生产专利技术交换。

2.经评估确认甲方办公楼公允价值为800万元，增值税72万元；乙方专利技术公允价值为750万元，增值税45万元。乙方同意向甲方支付补价77万元。

3.甲、乙双方各自负担此项交易转让税费。

4.双方于2021年9月30日前办理资产产权划转手续，并进行资产交接。

甲方：深业股份有限公司（盖章）　　乙方：丽源股份有限公司（盖章）

代表人：张明军　　代表人：刘永利

2021年6月16日　　2021年6月16日

3.2021年7月10日，发出数控机床10台清偿所欠债务，并办理债务清偿手续。该批数控机床的计税价格为200万元。

业务3 $\frac{1}{4}$

深业股份有限公司
产品出库单

2021年7月10日

产品名称	计量单位	数　量	单位成本（元/台）	金额（元）
QSD数控机床	台	10	150 000	1 500 000

制票人：刘兴汉　　经办人：王长春

业务3 $\frac{2}{4}$

常德增值税专用发票

№ 00634907

4324623756　　此联不作报销、扣税凭证使用　　开票日期：2021年7月10日

购买方	名　　称：华海股份有限公司 纳税人识别号：91997028199903756M 地 址 、电 话：立丰市中田街5号　83965432 开户行及账号：中国工商银行立丰支行2760043511021			密码区	（略）		
货物或应税劳务、服务名称	规格型号	单位	数量	单　价	金　额	税率	税　额
数控机床		台	10	200 000.00	2 000 000.00	13%	260 000.00
合　计					¥2 000 000.00		¥260 000.00
价税合计（大写）	⊗贰佰贰拾陆万元整				（小写）¥2 260 000.00		
销售方	名　　称：深业股份有限公司 纳税人识别号：91830699274539113A 地 址 、电 话：常德市联华路12号　89876543 开户行及账号：中国工商银行联华支行2007400213600			备注			

收款人：王娜　　复核人：刘杰　　开票人：刘红　　销售方（章）

第一联：记账联　销售方记账凭证

业务3 3/4

4324471360

常德增值税专用发票

发票联

№ 48879600

开票日期：2021年7月10日

购买方	名称：深业股份有限公司 纳税人识别号：91830699274539113A 地址、电话：常德市联华路12号 89876543 开户行及账号：中国工商银行联华支行2007400213600			密码区	（略）		
货物或应税劳务、服务名称	规格型号	单位	数量	单价	金额	税率	税额
运费					14 000.00	9%	1 260.00
合计					¥14 000.00		¥1 260.00
价税合计（大写）	⊗壹万伍仟贰佰陆拾元整				（小写）¥15 260.00		
销售方	名称：常德市铁路分局 纳税人识别号：91316345832169131M 地址、电话：常德市联华路30号 80987654 开户行及账号：中国工商银行联华营业部2511111162			备注	起运地：常德 到达地：立丰 车种：东风货车 车号：湘J12567 货物：数控机床		

收款人：周林　　复核人：范红　　开票人：王春来　　销售方：（章）

第三联：发票联 购买方记账凭证

（印章：全国统一发票监制章 国家税务总局监制；常德市铁路分局 91316345832169131M 发票专用章）

业务3 4/4

中国工商银行（湘）
转账支票存根
№00442560

附加信息
王小红

出票日期 2021年7月10日

收款人：	常德市铁路分局
金　额：	¥15 260.00
用　途：	付运费

单位主管 张明军　会计 王悦平

4.2021年8月5日，预收丽源股份有限公司支付的补价款77万元。

业务4 1/2

ICBC 中国工商银行进账单（收账通知）

2021年8月5日　　3　　第04号

收款人	全称	深业股份有限公司	付款人	全称	丽源股份有限公司
	账号	2007400213600		账号	34007402135O
	开户银行	工行联华支行		开户银行	工行虹桥支行
金额	人民币（大写）	柒拾柒万元整		千百十万千百十元角分	¥77000000
票据种类	转支	票据张数	1		
票据号码	略				
单位主管　会计　复核　记账				收款人开户行盖章	

（印章：中国工商银行联华支行 2021.08.05 业务章）

此联是持票人开户行给持票人的收账通知

业务4 2/2

收　据

2021年8月5日　　　　第27号

今收到 丽源股份有限公司交易补价款					
人民币（大写）柒拾柒万元整			（小写）¥770 000.00		
事　由：收取资产置换交易补价款			现　金		
			支票第　　号		
收款单位	深业股份有限公司	财务主管		收款人	刘红

第二联 记账凭证

5.2021年9月20日，资产置换划转手续办理完毕，取得产权机构核发专利证书和对方开具的增值税专用发票，并已认证抵扣，换出资产已向对方开出增值税专用发票。

业务5 1/2

固定资产卡片

2019年12月25日填卡

类别	房屋	编号	C2365	预计使用年限50年			
固定资产名称　厂部办公楼				原始价值　720万元			
规格及型号　YM3608				预计残值率　5%			
建造单位　第一建筑公司				折旧方法　平均年限法			
建造年份　2017年				年折旧率　1.9%			
调入来源				分类折旧率　%			
验收日期　2019年12月				取得时已使用　年			
技术特征				取得时已提折旧			
拨出单位				开始使用日期			
使用单位	年	月	凭证号	使用单位	存放地点	已提折旧截至	2021年8月末　元
	2019	12	转728				年　月末　元
							年　月末　元
						卡片注销	年　月　日

业务5 2/2

固定资产转移单

调出单位：深业股份有限公司
投入单位：丽源股份有限公司

2021年9月20日　　　　转移单号：003

转移原因或依据		资产置换				原始价值	7 200 000	
固定资产名称	规格及型号	单位	数量	预计使用年限	已使用年限	已提折旧	净值	备注
厂部办公楼			1	50	1年9个月	239 400元	6 960 600元	

调出单位	调入单位
公章： 财务：赵　平 经办：王　军	公章： 财务：张　明 经办：江　新

6.2021年12月10日，因经济纠纷被秦川集团公司提起诉讼。

业务6

经济纠纷起诉状

原告人：秦川集团公司

被告人：深业股份有限公司

诉讼请求：

请求常德市人民法院根据《中华人民共和国民法典》有关规定，追回深业股份有限公司所欠货款120万元，并追究被告人违约责任。

诉讼理由：

我公司与被告人签订4台数控机床购货合同，总价120万元，我公司严守信用，按合同规定预付了全部货款，但被告人既无货供应，又不退款，给我公司生产经营活动造成了严重影响。为维护我公司合法权益，要求被告人退回我公司货款并赔偿损失50万元。

秦川集团公司

2021年12月10日

7.2021年12月31日，根据法律专家意见，预计赔偿损失（预计负债）。

业务7

对深业股份有限公司经济纠纷案的分析意见

深业股份有限公司：

根据贵公司请求，我们分析了贵公司与秦川集团公司经济纠纷一案。本律师事务所认为，根据《中华人民共和国民法典》有关规定，贵公司所欠原告货款应无偿退还，由于合同中已订明违约方承担合同金额10%的违约赔偿责任，估计本案可能败诉，并赔偿原告违约金12万元。

天成律师事务所

2021年12月31日

8.2022年3月10日，收到法院经济纠纷判决书，并决定不再上诉。

业务8

常德市法院经济纠纷判决书(摘要)

经字〔2022〕第24号

原告人：秦川集团公司

被告人：深业股份有限公司

经我院对秦川集团公司与深业股份有限公司经济纠纷案的调查审理，根据《中华人民共和国民法典》有关规定，对本案判决如下：

1.深业股份有限公司退还秦川集团公司货款120万元。

2.深业股份有限公司向秦川集团公司支付合同违约金12万元，并赔偿秦川集团公司损失8万元。

常德市人民法院

2022年3月10日

9.2022年3月12日，向秦川集团公司支付违约金和赔偿款。

业务9 1/2

收　据

2022年3月12日　　第12号

今收到深业股份有限公司违约金和赔偿款					第三联 收据
人民币（大写）贰拾万元整				（小写）¥200 000.00	
事　由：违约赔偿				现金 / 支票第　号	
收款单位	秦川集团公司	财务主管	孙明	收款人 刘平	

业务9 2/2

中国工商银行（湘）
转账支票存根
№00242056

附加信息

出票日期2022年3月12日

收款人：秦川集团公司	
金　额：¥200 000.00	
用　途：违约金和赔偿款	

单位主管 张明军　会计 王悦平

10.2022年3月15日，董事会决议按下列方案进行利润分配：

业务10

深业股份有限公司利润分配决议

经董事会决议2021年利润分配方案为：按净利润的10%提取法定盈余公积，按5%提取任意盈余公积，向投资人分派现金股利100万元。

董事会专用章

2022年3月15日

（三）实训任务

1.分析各项经济业务性质。

2.填制有关经济业务所列原始凭证。

3.根据原始凭证编制记账凭证（假设违约金损失税前允许扣除）。

4.根据资产负债表日后调整事项，调整2021年度财务报表。（注意其他事项已列入该年度财务报表）

（四）实训指引

1.实训形式：单人独立实训。

2.实训时间：本项实训约需60分钟。

3.实训用纸：收款凭证1张，付款凭证2张，转账凭证9张。

（五）案例分析参考

思政案例设计参考

某公司在某年的债务重组方案中，以其拥有的在建楼宇华乐大厦中的部分产权计人民币30 600万元，抵偿所欠中国建设银行某市分行人民币1.6亿元的债务，由此产生利润人民币1.46亿元；后又以人民币1.46亿元向建设银行某市分行购回相同产权。这一交易过程用程序表示如下：

1. 该公司拥有在建楼宇华乐大厦的部分产权，该部分产权的账面价值为人民币30 600万元；

2. 该公司欠建行某市分行债务为人民币1.6亿元；

3. 该公司以账面价值人民币30 600万元的资产抵偿人民币1.6亿元的债务，并将差额人民币1.46亿元作为利润入账；

4. 该公司后又以人民币1.6亿元的现金向建行某市分行购回上述产权，并将该产权作为本公司的固定资产入账。

问题思考：本案违反了《会计法》的哪些规定？应当承担什么法律责任？

【案例分析与参考答案】

本案主要存在的问题是以虚假的经济业务事项冒充真实的经济业务事项，即用自己的财产通过卖出买入的方式，冲抵高额债务，达到资产增值的目的。这是一种提前确认营业收入的行为。这种行为违反了《会计法》的有关规定，应当依法承担法律责任。

《会计法》规定，公司、企业进行会计核算不得虚列或者隐瞒收入，推迟或者提前确认收入。由于这种经济业务事项不是客观发生的，而是属于虚构的，所以，其会计核算的依据，即会计凭证、会计账簿和财务会计报告必然是虚假的，直接构成了伪造、变造会计凭证、会计账簿或者编制虚假财务会计报告的违法行为。对此，《会计法》第四十三条已明确规定：构成犯罪的，依法追究刑事责任。尚不构成犯罪的，由县级以上人民政府财政部门予以通报，可以对单位并处5 000元以上、10万元以下的罚款；对其直接负责的主管人员和其他直接责任人员，可以处3 000元以上、5万元以下的罚款；属于国家工作人员的，还应当由其所在单位或者有关单位依法给予撤职直至开除的行政处分；其中的会计人员，5年内不得从事会计工作。

附　录　空白记账凭证

总号	
分号	

收　款　凭　证

借方科目________　　　　年　月　日

摘　要	应贷科目		√	金额										
	一级科目	二级及明细科目		亿	千	百	十	万	千	百	十	元	角	分
合　计														

附件　　张

财会主管　　记账　　出纳　　复核　　制单

总号	
分号	

收　款　凭　证

借方科目________　　　　年　月　日

摘　要	应贷科目		√	金额										
	一级科目	二级及明细科目		亿	千	百	十	万	千	百	十	元	角	分
合　计														

附件　　张

财会主管　　记账　　出纳　　复核　　制单

总号	
分号	

收　款　凭　证

借方科目________　　　　年　月　日

摘　要	应贷科目		√	金额										
	一级科目	二级及明细科目		亿	千	百	十	万	千	百	十	元	角	分
合　计														

附件　　张

财会主管　　记账　　出纳　　复核　　制单

收款凭证

借方科目________　　年　月　日

总号	
分号	

摘要	应贷科目		√	金额										
	一级科目	二级及明细科目		亿	千	百	十	万	千	百	十	元	角	分
合计														

附件　　张

财会主管　　记账　　出纳　　复核　　制单

收款凭证

借方科目________　　年　月　日

总号	
分号	

摘要	应贷科目		√	金额										
	一级科目	二级及明细科目		亿	千	百	十	万	千	百	十	元	角	分
合计														

附件　　张

财会主管　　记账　　出纳　　复核　　制单

收款凭证

借方科目________　　年　月　日

总号	
分号	

摘要	应贷科目		√	金额										
	一级科目	二级及明细科目		亿	千	百	十	万	千	百	十	元	角	分
合计														

附件　　张

财会主管　　记账　　出纳　　复核　　制单

收 款 凭 证

总号	
分号	

借方科目 ________　　　　年　月　日

摘　要	应贷科目		√	金额										
	一级科目	二级及明细科目		亿	千	百	十	万	千	百	十	元	角	分
合　计														

附件　　张

财会主管　　　记账　　　出纳　　　复核　　　制单

收 款 凭 证

总号	
分号	

借方科目 ________　　　　年　月　日

摘　要	应贷科目		√	金额										
	一级科目	二级及明细科目		亿	千	百	十	万	千	百	十	元	角	分
合　计														

附件　　张

财会主管　　　记账　　　出纳　　　复核　　　制单

收 款 凭 证

总号	
分号	

借方科目 ________　　　　年　月　日

摘　要	应贷科目		√	金额										
	一级科目	二级及明细科目		亿	千	百	十	万	千	百	十	元	角	分
合　计														

附件　　张

财会主管　　　记账　　　出纳　　　复核　　　制单

收　款　凭　证

借方科目____________　　　年　月　日　　　总号____　分号____

摘要	应贷科目		√	金额										
	一级科目	二级及明细科目		亿	千	百	十	万	千	百	十	元	角	分
合计														

附件　　张

财会主管　　记账　　出纳　　复核　　制单

收　款　凭　证

借方科目____________　　　年　月　日　　　总号____　分号____

摘要	应贷科目		√	金额										
	一级科目	二级及明细科目		亿	千	百	十	万	千	百	十	元	角	分
合计														

附件　　张

财会主管　　记账　　出纳　　复核　　制单

收　款　凭　证

借方科目____________　　　年　月　日　　　总号____　分号____

摘要	应贷科目		√	金额										
	一级科目	二级及明细科目		亿	千	百	十	万	千	百	十	元	角	分
合计														

附件　　张

财会主管　　记账　　出纳　　复核　　制单

收 款 凭 证

借方科目______　　　年　月　日　　　总号　分号

摘要	应贷科目		√	金额										
	一级科目	二级及明细科目		亿	千	百	十	万	千	百	十	元	角	分
合计														

附件　　张

财会主管　　记账　　出纳　　复核　　制单

收 款 凭 证

借方科目______　　　年　月　日　　　总号　分号

摘要	应贷科目		√	金额										
	一级科目	二级及明细科目		亿	千	百	十	万	千	百	十	元	角	分
合计														

附件　　张

财会主管　　记账　　出纳　　复核　　制单

收 款 凭 证

借方科目______　　　年　月　日　　　总号　分号

摘要	应贷科目		√	金额										
	一级科目	二级及明细科目		亿	千	百	十	万	千	百	十	元	角	分
合计														

附件　　张

财会主管　　记账　　出纳　　复核　　制单

收款凭证

借方科目____________ 年 月 日

总号	
分号	

摘要	应贷科目		√	金额										
	一级科目	二级及明细科目		亿	千	百	十	万	千	百	十	元	角	分
合计														

附件 张

财会主管 记账 出纳 复核 制单

收款凭证

借方科目____________ 年 月 日

总号	
分号	

摘要	应贷科目		√	金额										
	一级科目	二级及明细科目		亿	千	百	十	万	千	百	十	元	角	分
合计														

附件 张

财会主管 记账 出纳 复核 制单

收款凭证

借方科目____________ 年 月 日

总号	
分号	

摘要	应贷科目		√	金额										
	一级科目	二级及明细科目		亿	千	百	十	万	千	百	十	元	角	分
合计														

附件 张

财会主管 记账 出纳 复核 制单

收 款 凭 证

总号	
分号	

借方科目____________

年 月 日

摘 要	应贷科目		√	金额										
	一级科目	二级及明细科目		亿	千	百	十	万	千	百	十	元	角	分
合 计														

附件 张

财会主管 记账 出纳 复核 制单

收 款 凭 证

总号	
分号	

借方科目____________

年 月 日

摘 要	应贷科目		√	金额										
	一级科目	二级及明细科目		亿	千	百	十	万	千	百	十	元	角	分
合 计														

附件 张

财会主管 记账 出纳 复核 制单

收 款 凭 证

总号	
分号	

借方科目____________

年 月 日

摘 要	应贷科目		√	金额										
	一级科目	二级及明细科目		亿	千	百	十	万	千	百	十	元	角	分
合 计														

附件 张

财会主管 记账 出纳 复核 制单

收 款 凭 证

借方科目______________　　　　年　月　日　　　　总号 ____　分号 ____

摘　要	应贷科目		√	金额										
	一级科目	二级及明细科目		亿	千	百	十	万	千	百	十	元	角	分
合　计														

附件　　张

财会主管　　记账　　出纳　　复核　　制单

收 款 凭 证

借方科目______________　　　　年　月　日　　　　总号 ____　分号 ____

摘　要	应贷科目		√	金额										
	一级科目	二级及明细科目		亿	千	百	十	万	千	百	十	元	角	分
合　计														

附件　　张

财会主管　　记账　　出纳　　复核　　制单

收 款 凭 证

借方科目______________　　　　年　月　日　　　　总号 ____　分号 ____

摘　要	应贷科目		√	金额										
	一级科目	二级及明细科目		亿	千	百	十	万	千	百	十	元	角	分
合　计														

附件　　张

财会主管　　记账　　出纳　　复核　　制单

付 款 凭 证

年 月 日

总号

分号

贷方科目

摘 要	应借科目		√	金额											
	一级科目	二级及明细科目		亿	千	百	十	万	千	百	十	元	角	分
合 计														

附件 张

财会主管 记账 出纳 复核 制单 领款人签章

付 款 凭 证
年 月 日
总号 分号
贷方科目
摘 要 应借科目 一级科目 二级及明细科目 √ 金额 亿 千 百 十 万 千 百 十 元 角 分
合 计
附件 张
财会主管 记账 出纳 复核 制单 领款人签章
付 款 凭 证
年 月 日
总号 分号
贷方科目
摘 要 应借科目 一级科目 二级及明细科目 √ 金额 亿 千 百 十 万 千 百 十 元 角 分
合 计
附件 张
财会主管 记账 出纳 复核 制单 领款人签章
付 款 凭 证
年 月 日
贷方科目
摘 要
财会主管
贷方科目
财会主管
贷方科目
摘 要
财会主管 记账

付款凭证

总号 ____
分号 ____

贷方科目 ____________　　　　年　月　日

摘要	应借科目		√	金额										
	一级科目	二级及明细科目		亿	千	百	十	万	千	百	十	元	角	分
合计														

附件　　张

财会主管　　记账　　出纳　　复核　　制单　　领款人签章

付款凭证

总号 ____
分号 ____

贷方科目 ____________　　　　年　月　日

摘要	应借科目		√	金额										
	一级科目	二级及明细科目		亿	千	百	十	万	千	百	十	元	角	分
合计														

附件　　张

财会主管　　记账　　出纳　　复核　　制单　　领款人签章

付款凭证

总号 ____
分号 ____

贷方科目 ____________　　　　年　月　日

摘要	应借科目		√	金额										
	一级科目	二级及明细科目		亿	千	百	十	万	千	百	十	元	角	分
合计														

附件　　张

财会主管　　记账　　出纳　　复核　　制单　　领款人签章

付 款 凭 证

总号	
分号	

贷方科目__________　　　　年　月　日

摘要	应借科目		√	金额										
	一级科目	二级及明细科目		亿	千	百	十	万	千	百	十	元	角	分
合计														

附件　　张

财会主管　　记账　　出纳　　复核　　制单　　领款人签章

付 款 凭 证

总号	
分号	

贷方科目__________　　　　年　月　日

摘要	应借科目		√	金额										
	一级科目	二级及明细科目		亿	千	百	十	万	千	百	十	元	角	分
合计														

附件　　张

财会主管　　记账　　出纳　　复核　　制单　　领款人签章

付 款 凭 证

总号	
分号	

贷方科目__________　　　　年　月　日

摘要	应借科目		√	金额										
	一级科目	二级及明细科目		亿	千	百	十	万	千	百	十	元	角	分
合计														

附件　　张

财会主管　　记账　　出纳　　复核　　制单　　领款人签章

付 款 凭 证

总号	
分号	

贷方科目________　　　　年　月　日

摘　要	应 借 科 目		√	金　额										
	一级科目	二级及明细科目		亿	千	百	十	万	千	百	十	元	角	分
合　计														

附件　　张

财会主管　　记账　　出纳　　复核　　制单　　领款人签章

付 款 凭 证

总号	
分号	

贷方科目________　　　　年　月　日

摘　要	应 借 科 目		√	金　额										
	一级科目	二级及明细科目		亿	千	百	十	万	千	百	十	元	角	分
合　计														

附件　　张

财会主管　　记账　　出纳　　复核　　制单　　领款人签章

付 款 凭 证

总号	
分号	

贷方科目________　　　　年　月　日

摘　要	应 借 科 目		√	金　额										
	一级科目	二级及明细科目		亿	千	百	十	万	千	百	十	元	角	分
合　计														

附件　　张

财会主管　　记账　　出纳　　复核　　制单　　领款人签章

付款凭证

贷方科目____________　　年　月　日　　总号　　分号

摘要	应借科目		√	金额										
	一级科目	二级及明细科目		亿	千	百	十	万	千	百	十	元	角	分
合计														

附件　　张

财会主管　　记账　　出纳　　复核　　制单　　领款人签章

付款凭证

贷方科目____________　　年　月　日　　总号　　分号

摘要	应借科目		√	金额										
	一级科目	二级及明细科目		亿	千	百	十	万	千	百	十	元	角	分
合计														

附件　　张

财会主管　　记账　　出纳　　复核　　制单　　领款人签章

付款凭证

贷方科目____________　　年　月　日　　总号　　分号

摘要	应借科目		√	金额										
	一级科目	二级及明细科目		亿	千	百	十	万	千	百	十	元	角	分
合计														

附件　　张

财会主管　　记账　　出纳　　复核　　制单　　领款人签章

付款凭证

贷方科目________ 年 月 日

总号	
分号	

摘要	应借科目		√	金额										
	一级科目	二级及明细科目		亿	千	百	十	万	千	百	十	元	角	分
合计														

附件 张

财会主管 记账 出纳 复核 制单 领款人签章

付款凭证

贷方科目________ 年 月 日

总号	
分号	

摘要	应借科目		√	金额										
	一级科目	二级及明细科目		亿	千	百	十	万	千	百	十	元	角	分
合计														

附件 张

财会主管 记账 出纳 复核 制单 领款人签章

付款凭证

贷方科目________ 年 月 日

总号	
分号	

摘要	应借科目		√	金额										
	一级科目	二级及明细科目		亿	千	百	十	万	千	百	十	元	角	分
合计														

附件 张

财会主管 记账 出纳 复核 制单 领款人签章

付款凭证

总号	
分号	

贷方科目 ____________　　　　年　月　日

摘要	应借科目		√	金额										
	一级科目	二级及明细科目		亿	千	百	十	万	千	百	十	元	角	分
合计														

附件　　张

财会主管　　记账　　出纳　　复核　　制单　　领款人签章

付款凭证

总号	
分号	

贷方科目 ____________　　　　年　月　日

摘要	应借科目		√	金额										
	一级科目	二级及明细科目		亿	千	百	十	万	千	百	十	元	角	分
合计														

附件　　张

财会主管　　记账　　出纳　　复核　　制单　　领款人签章

付款凭证

总号	
分号	

贷方科目 ____________　　　　年　月　日

摘要	应借科目		√	金额										
	一级科目	二级及明细科目		亿	千	百	十	万	千	百	十	元	角	分
合计														

附件　　张

财会主管　　记账　　出纳　　复核　　制单　　领款人签章

付 款 凭 证

贷方科目________　　年　月　日

总号	
分号	

摘要	应借科目		√	金额										
	一级科目	二级及明细科目		亿	千	百	十	万	千	百	十	元	角	分
合计														

附件　张

财会主管　记账　出纳　复核　制单　领款人签章

付 款 凭 证

贷方科目________　　年　月　日

总号	
分号	

摘要	应借科目		√	金额										
	一级科目	二级及明细科目		亿	千	百	十	万	千	百	十	元	角	分
合计														

附件　张

财会主管　记账　出纳　复核　制单　领款人签章

付 款 凭 证

贷方科目________　　年　月　日

总号	
分号	

摘要	应借科目		√	金额										
	一级科目	二级及明细科目		亿	千	百	十	万	千	百	十	元	角	分
合计														

附件　张

财会主管　记账　出纳　复核　制单　领款人签章

付 款 凭 证

贷方科目＿＿＿＿＿＿　　　　年　月　日　　　　总号　　分号

摘　要	应借科目		√	金额										
	一级科目	二级及明细科目		亿	千	百	十	万	千	百	十	元	角	分
合　计														

附件　　张

财会主管　　记账　　出纳　　复核　　制单　　领款人签章

付 款 凭 证

贷方科目＿＿＿＿＿＿　　　　年　月　日　　　　总号　　分号

摘　要	应借科目		√	金额										
	一级科目	二级及明细科目		亿	千	百	十	万	千	百	十	元	角	分
合　计														

附件　　张

财会主管　　记账　　出纳　　复核　　制单　　领款人签章

付 款 凭 证

贷方科目＿＿＿＿＿＿　　　　年　月　日　　　　总号　　分号

摘　要	应借科目		√	金额										
	一级科目	二级及明细科目		亿	千	百	十	万	千	百	十	元	角	分
合　计														

附件　　张

财会主管　　记账　　出纳　　复核　　制单　　领款人签章

付 款 凭 证

总号	
分号	

贷方科目______________ 年 月 日

摘要	应借科目		√	金额										
	一级科目	二级及明细科目		亿	千	百	十	万	千	百	十	元	角	分
合计														

附件 张

财会主管 记账 出纳 复核 制单 领款人签章

付 款 凭 证

总号	
分号	

贷方科目______________ 年 月 日

摘要	应借科目		√	金额										
	一级科目	二级及明细科目		亿	千	百	十	万	千	百	十	元	角	分
合计														

附件 张

财会主管 记账 出纳 复核 制单 领款人签章

付 款 凭 证

总号	
分号	

贷方科目______________ 年 月 日

摘要	应借科目		√	金额										
	一级科目	二级及明细科目		亿	千	百	十	万	千	百	十	元	角	分
合计														

附件 张

财会主管 记账 出纳 复核 制单 领款人签章

付款凭证

贷方科目__________ 年 月 日

总号	
分号	

摘要	应借科目		√	金额										
	一级科目	二级及明细科目		亿	千	百	十	万	千	百	十	元	角	分
合计														

附件 张

财会主管 记账 出纳 复核 制单 领款人签章

付款凭证

贷方科目__________ 年 月 日

总号	
分号	

摘要	应借科目		√	金额										
	一级科目	二级及明细科目		亿	千	百	十	万	千	百	十	元	角	分
合计														

附件 张

财会主管 记账 出纳 复核 制单 领款人签章

付款凭证

贷方科目__________ 年 月 日

总号	
分号	

摘要	应借科目		√	金额										
	一级科目	二级及明细科目		亿	千	百	十	万	千	百	十	元	角	分
合计														

附件 张

财会主管 记账 出纳 复核 制单 领款人签章

转账凭证

年　月　日

总号	
分号	

摘要	一级科目	二级明细科目	√	借方金额										贷方金额									
				千	百	十	万	千	百	十	元	角	分	千	百	十	万	千	百	十	元	角	分
合计																							

附件　　张

财会主管　　复核　　记账　　制单

转账凭证

年　月　日

总号	
分号	

摘要	一级科目	二级明细科目	√	借方金额										贷方金额									
				千	百	十	万	千	百	十	元	角	分	千	百	十	万	千	百	十	元	角	分
合计																							

附件　　张

财会主管　　复核　　记账　　制单

转账凭证

年　月　日

总号	
分号	

摘要	一级科目	二级明细科目	√	借方金额										贷方金额									
				千	百	十	万	千	百	十	元	角	分	千	百	十	万	千	百	十	元	角	分
合计																							

附件　　张

财会主管　　复核　　记账　　制单

转　账　凭　证

年　月　日

总号	
分号	

摘　要	一级科目	二级明细科目	√	借方金额										贷方金额									
				千	百	十	万	千	百	十	元	角	分	千	百	十	万	千	百	十	元	角	分
合　计																							

附件　张

财会主管　　复核　　记账　　制单

转　账　凭　证

年　月　日

总号	
分号	

摘　要	一级科目	二级明细科目	√	借方金额										贷方金额									
				千	百	十	万	千	百	十	元	角	分	千	百	十	万	千	百	十	元	角	分
合　计																							

附件　张

财会主管　　复核　　记账　　制单

转　账　凭　证

年　月　日

总号	
分号	

摘　要	一级科目	二级明细科目	√	借方金额										贷方金额									
				千	百	十	万	千	百	十	元	角	分	千	百	十	万	千	百	十	元	角	分
合　计																							

附件　张

财会主管　　复核　　记账　　制单

转 账 凭 证

年 月 日

总号
分号

摘 要	一级科目	二级明细科目	√	借方金额										贷方金额									
				千	百	十	万	千	百	十	元	角	分	千	百	十	万	千	百	十	元	角	分
合 计																							

附件 张

财会主管 复核 记账 制单

转 账 凭 证

年 月 日

总号
分号

摘 要	一级科目	二级明细科目	√	借方金额										贷方金额									
				千	百	十	万	千	百	十	元	角	分	千	百	十	万	千	百	十	元	角	分
合 计																							

附件 张

财会主管 复核 记账 制单

转 账 凭 证

年 月 日

总号
分号

摘 要	一级科目	二级明细科目	√	借方金额										贷方金额									
				千	百	十	万	千	百	十	元	角	分	千	百	十	万	千	百	十	元	角	分
合 计																							

附件 张

财会主管 复核 记账 制单

转 账 凭 证

年 月 日

总号	
分号	

摘要	一级科目	二级明细科目	√	借方金额										贷方金额									
				千	百	十	万	千	百	十	元	角	分	千	百	十	万	千	百	十	元	角	分
合计																							

附件 张

财会主管 复核 记账 制单

转 账 凭 证

年 月 日

总号	
分号	

摘要	一级科目	二级明细科目	√	借方金额										贷方金额									
				千	百	十	万	千	百	十	元	角	分	千	百	十	万	千	百	十	元	角	分
合计																							

附件 张

财会主管 复核 记账 制单

转 账 凭 证

年 月 日

总号	
分号	

摘要	一级科目	二级明细科目	√	借方金额										贷方金额									
				千	百	十	万	千	百	十	元	角	分	千	百	十	万	千	百	十	元	角	分
合计																							

附件 张

财会主管 复核 记账 制单

转 账 凭 证

年 月 日

总 号	
分 号	

摘 要	一级科目	二级明细科目	√	借方金额										贷方金额									
				千	百	十	万	千	百	十	元	角	分	千	百	十	万	千	百	十	元	角	分
合 计																							

附件 张

财会主管 复核 记账 制单

转 账 凭 证

年 月 日

总 号	
分 号	

摘 要	一级科目	二级明细科目	√	借方金额										贷方金额									
				千	百	十	万	千	百	十	元	角	分	千	百	十	万	千	百	十	元	角	分
合 计																							

附件 张

财会主管 复核 记账 制单

转 账 凭 证

年 月 日

总 号	
分 号	

摘 要	一级科目	二级明细科目	√	借方金额										贷方金额									
				千	百	十	万	千	百	十	元	角	分	千	百	十	万	千	百	十	元	角	分
合 计																							

附件 张

财会主管 复核 记账 制单

转 账 凭 证

年 月 日

总号	
分号	

摘要	一级科目	二级明细科目	√	借方金额										贷方金额									
				千	百	十	万	千	百	十	元	角	分	千	百	十	万	千	百	十	元	角	分
合计																							

附件 张

财会主管　　复核　　记账　　制单

转 账 凭 证

年 月 日

总号	
分号	

摘要	一级科目	二级明细科目	√	借方金额										贷方金额									
				千	百	十	万	千	百	十	元	角	分	千	百	十	万	千	百	十	元	角	分
合计																							

附件 张

财会主管　　复核　　记账　　制单

转 账 凭 证

年 月 日

总号	
分号	

摘要	一级科目	二级明细科目	√	借方金额										贷方金额									
				千	百	十	万	千	百	十	元	角	分	千	百	十	万	千	百	十	元	角	分
合计																							

附件 张

财会主管　　复核　　记账　　制单

转 账 凭 证

年 月 日

总号	
分号	

摘要	一级科目	二级明细科目	√	借方金额										贷方金额									
				千	百	十	万	千	百	十	元	角	分	千	百	十	万	千	百	十	元	角	分
合计																							

附件 张

财会主管 复核 记账 制单

转 账 凭 证

年 月 日

总号	
分号	

摘要	一级科目	二级明细科目	√	借方金额										贷方金额									
				千	百	十	万	千	百	十	元	角	分	千	百	十	万	千	百	十	元	角	分
合计																							

附件 张

财会主管 复核 记账 制单

转 账 凭 证

年 月 日

总号	
分号	

摘要	一级科目	二级明细科目	√	借方金额										贷方金额									
				千	百	十	万	千	百	十	元	角	分	千	百	十	万	千	百	十	元	角	分
合计																							

附件 张

财会主管 复核 记账 制单

转 账 凭 证

年 月 日

总号	
分号	

摘要	一级科目	二级明细科目	√	借方金额										贷方金额									
				千	百	十	万	千	百	十	元	角	分	千	百	十	万	千	百	十	元	角	分
合计																							

附件 张

财会主管 复核 记账 制单

转 账 凭 证

年 月 日

总号	
分号	

摘要	一级科目	二级明细科目	√	借方金额										贷方金额									
				千	百	十	万	千	百	十	元	角	分	千	百	十	万	千	百	十	元	角	分
合计																							

附件 张

财会主管 复核 记账 制单

转 账 凭 证

年 月 日

总号	
分号	

摘要	一级科目	二级明细科目	√	借方金额										贷方金额									
				千	百	十	万	千	百	十	元	角	分	千	百	十	万	千	百	十	元	角	分
合计																							

附件 张

财会主管 复核 记账 制单

转 账 凭 证

年 月 日

总号	
分号	

摘要	一级科目	二级明细科目	√	借方金额										贷方金额									
				千	百	十	万	千	百	十	元	角	分	千	百	十	万	千	百	十	元	角	分
合计																							

附件　　张

财会主管　　复核　　记账　　制单

转 账 凭 证

年 月 日

总号	
分号	

摘要	一级科目	二级明细科目	√	借方金额										贷方金额									
				千	百	十	万	千	百	十	元	角	分	千	百	十	万	千	百	十	元	角	分
合计																							

附件　　张

财会主管　　复核　　记账　　制单

转 账 凭 证

年 月 日

总号	
分号	

摘要	一级科目	二级明细科目	√	借方金额										贷方金额									
				千	百	十	万	千	百	十	元	角	分	千	百	十	万	千	百	十	元	角	分
合计																							

附件　　张

财会主管　　复核　　记账　　制单

转 账 凭 证

年 月 日

总号	
分号	

摘要	一级科目	二级明细科目	√	借方金额										贷方金额									
				千	百	十	万	千	百	十	元	角	分	千	百	十	万	千	百	十	元	角	分
合计																							

附件 张

财会主管 复核 记账 制单

转 账 凭 证

年 月 日

总号	
分号	

摘要	一级科目	二级明细科目	√	借方金额										贷方金额									
				千	百	十	万	千	百	十	元	角	分	千	百	十	万	千	百	十	元	角	分
合计																							

附件 张

财会主管 复核 记账 制单

转 账 凭 证

年 月 日

总号	
分号	

摘要	一级科目	二级明细科目	√	借方金额										贷方金额									
				千	百	十	万	千	百	十	元	角	分	千	百	十	万	千	百	十	元	角	分
合计																							

附件 张

财会主管 复核 记账 制单

转 账 凭 证

年 月 日

总号	
分号	

摘要	一级科目	二级明细科目	√	借方金额										贷方金额									
				千	百	十	万	千	百	十	元	角	分	千	百	十	万	千	百	十	元	角	分
合计																							

附件 张

财会主管 复核 记账 制单

转 账 凭 证

年 月 日

总号	
分号	

摘要	一级科目	二级明细科目	√	借方金额										贷方金额									
				千	百	十	万	千	百	十	元	角	分	千	百	十	万	千	百	十	元	角	分
合计																							

附件 张

财会主管 复核 记账 制单

转 账 凭 证

年 月 日

总号	
分号	

摘要	一级科目	二级明细科目	√	借方金额										贷方金额									
				千	百	十	万	千	百	十	元	角	分	千	百	十	万	千	百	十	元	角	分
合计																							

附件 张

财会主管 复核 记账 制单

转 账 凭 证

年 月 日

总 号	
分 号	

摘 要	一级科目	二级明细科目	√	借方金额										贷方金额									
				千	百	十	万	千	百	十	元	角	分	千	百	十	万	千	百	十	元	角	分
合 计																							

附件 张

财会主管 复核 记账 制单

转 账 凭 证

年 月 日

总 号	
分 号	

摘 要	一级科目	二级明细科目	√	借方金额										贷方金额									
				千	百	十	万	千	百	十	元	角	分	千	百	十	万	千	百	十	元	角	分
合 计																							

附件 张

财会主管 复核 记账 制单

转 账 凭 证

年 月 日

总 号	
分 号	

摘 要	一级科目	二级明细科目	√	借方金额										贷方金额									
				千	百	十	万	千	百	十	元	角	分	千	百	十	万	千	百	十	元	角	分
合 计																							

附件 张

财会主管 复核 记账 制单

转 账 凭 证

年 月 日

总号	
分号	

摘要	一级科目	二级明细科目	√	借方金额										贷方金额									
				千	百	十	万	千	百	十	元	角	分	千	百	十	万	千	百	十	元	角	分
合计																							

附件　　张

财会主管　　复核　　记账　　制单

转 账 凭 证

年 月 日

总号	
分号	

摘要	一级科目	二级明细科目	√	借方金额										贷方金额									
				千	百	十	万	千	百	十	元	角	分	千	百	十	万	千	百	十	元	角	分
合计																							

附件　　张

财会主管　　复核　　记账　　制单

转 账 凭 证

年 月 日

总号	
分号	

摘要	一级科目	二级明细科目	√	借方金额										贷方金额									
				千	百	十	万	千	百	十	元	角	分	千	百	十	万	千	百	十	元	角	分
合计																							

附件　　张

财会主管　　复核　　记账　　制单

转 账 凭 证

年 月 日

总号	
分号	

摘要	一级科目	二级明细科目	√	借方金额										贷方金额									
				千	百	十	万	千	百	十	元	角	分	千	百	十	万	千	百	十	元	角	分
合计																							

附件 张

财会主管 复核 记账 制单

转 账 凭 证

年 月 日

总号	
分号	

摘要	一级科目	二级明细科目	√	借方金额										贷方金额									
				千	百	十	万	千	百	十	元	角	分	千	百	十	万	千	百	十	元	角	分
合计																							

附件 张

财会主管 复核 记账 制单

转 账 凭 证

年 月 日

总号	
分号	

摘要	一级科目	二级明细科目	√	借方金额										贷方金额									
				千	百	十	万	千	百	十	元	角	分	千	百	十	万	千	百	十	元	角	分
合计																							

附件 张

财会主管 复核 记账 制单

转 账 凭 证

年　月　日

总号	
分号	

摘要	一级科目	二级明细科目	√	借方金额										贷方金额									
				千	百	十	万	千	百	十	元	角	分	千	百	十	万	千	百	十	元	角	分
合计																							

附件　　张

财会主管　　复核　　记账　　制单

转 账 凭 证

年　月　日

总号	
分号	

摘要	一级科目	二级明细科目	√	借方金额										贷方金额									
				千	百	十	万	千	百	十	元	角	分	千	百	十	万	千	百	十	元	角	分
合计																							

附件　　张

财会主管　　复核　　记账　　制单

转 账 凭 证

年　月　日

总号	
分号	

摘要	一级科目	二级明细科目	√	借方金额										贷方金额									
				千	百	十	万	千	百	十	元	角	分	千	百	十	万	千	百	十	元	角	分
合计																							

附件　　张

财会主管　　复核　　记账　　制单

第　　册
共　　册

凭证封面

自　年　月　日至　年　月　日

凭证名称	凭证起讫号码		凭证张数	附件张数	备注
	自	至			

会计档案	全宗号	目录号	案卷号	保管年限

财会主管　　　装订

第　　册
共　　册

凭证封面

自　年　月　日至　年　月　日

凭证名称	凭证起讫号码		凭证张数	附件张数	备注
	自	至			

会计档案	全宗号	目录号	案卷号	保管年限

财会主管　　　装订

第　　册
共　　册

凭证封面

自　年　月　日至　年　月　日

凭证名称	凭证起讫号码		凭证张数	附件张数	备注
	自	至			

会计档案	全宗号	目录号	案卷号	保管年限

财会主管　　　装订

抽出凭证记录

抽出日期			抽出凭证名称	抽出原因	抽出人签字	经管人签字	归还日期			收件人
年	月	日					年	月	日	

抽出凭证记录

抽出日期			抽出凭证名称	抽出原因	抽出人签字	经管人签字	归还日期			收件人
年	月	日					年	月	日	

抽出凭证记录

抽出日期			抽出凭证名称	抽出原因	抽出人签字	经管人签字	归还日期			收件人
年	月	日					年	月	日	

第	册
共	册

凭证封面

自　年　月　日至　年　月　日

凭证名称	凭证起讫号码		凭证张数	附件张数	备注
	自	至			

档案会计	全宗号	目录号	案卷号	保管年限

财会主管　　装订

第	册
共	册

凭证封面

自　年　月　日至　年　月　日

凭证名称	凭证起讫号码		凭证张数	附件张数	备注
	自	至			

档案会计	全宗号	目录号	案卷号	保管年限

财会主管　　装订

第	册
共	册

凭证封面

自　年　月　日至　年　月　日

凭证名称	凭证起讫号码		凭证张数	附件张数	备注
	自	至			

档案会计	全宗号	目录号	案卷号	保管年限

财会主管　　装订

抽出凭证记录

抽出日期			抽出凭证名称	抽出原因	抽出人签字	经管人签字	归还日期			收件人
年	月	日					年	月	日	

抽出凭证记录

抽出日期			抽出凭证名称	抽出原因	抽出人签字	经管人签字	归还日期			收件人
年	月	日					年	月	日	

抽出凭证记录

抽出日期			抽出凭证名称	抽出原因	抽出人签字	经管人签字	归还日期			收件人
年	月	日					年	月	日	

第	册
共	册

凭证封面

自　年　月　日至　年　月　日

凭证名称	凭证起讫号码		凭证张数	附件张数	备注
	自	至			

档案会计	全宗号	目录号	案卷号	保管年限

财会主管　　装订

第	册
共	册

凭证封面

自　年　月　日至　年　月　日

凭证名称	凭证起讫号码		凭证张数	附件张数	备注
	自	至			

档案会计	全宗号	目录号	案卷号	保管年限

财会主管　　装订

第	册
共	册

凭证封面

自　年　月　日至　年　月　日

凭证名称	凭证起讫号码		凭证张数	附件张数	备注
	自	至			

档案会计	全宗号	目录号	案卷号	保管年限

财会主管　　装订

抽出凭证记录

抽出日期			抽出凭证名称	抽出原因	抽出人签字	经管人签字	归还日期			收件人
年	月	日					年	月	日	

抽出凭证记录

抽出日期			抽出凭证名称	抽出原因	抽出人签字	经管人签字	归还日期			收件人
年	月	日					年	月	日	

抽出凭证记录

抽出日期			抽出凭证名称	抽出原因	抽出人签字	经管人签字	归还日期			收件人
年	月	日					年	月	日	

年 第　号至第　号 第　册
月　　　　　　　　 共　册

年 第　号至第　号 第　册
月　　　　　　　　 共　册

年 第　号至第　号 第　册
月　　　　　　　　 共　册

年 第　号至第　号 第　册
月　　　　　　　　 共　册

穿孔

折叠线

包角使用说明：

该面朝上，与凭证左上角对齐，打孔、穿线并结紧后，沿折叠线往上折，将角的两翼往后折并用胶水粘紧。

沿虚线裁下成两个十字包角

穿孔

折叠线

包角使用说明：

该面朝上，与凭证左上角对齐，打孔、穿线并结紧后，沿折叠线往上折，将角的两翼往后折并用胶水粘紧。

沿虚线裁下成两个十字包角

包角使用说明：

该面朝上，与凭证左上角对齐，打孔、穿线并结紧后，沿折叠线往上折，将角的两翼往后折并用胶水粘紧。

穿孔

折叠线

包角使用说明：

该面朝上，与凭证左上角对齐，打孔、穿线并结紧后，沿折叠线往上折，将角的两翼往后折并用胶水粘紧。

穿孔

折叠线